BEI GRIN MACHT SICH IHR
WISSEN BEZAHLT

- Wir veröffentlichen Ihre Hausarbeit,
  Bachelor- und Masterarbeit

- Ihr eigenes eBook und Buch -
  weltweit in allen wichtigen Shops

- Verdienen Sie an jedem Verkauf

Jetzt bei www.GRIN.com hochladen
und kostenlos publizieren

Stephanie Lainer

Sexualität mit geistiger Behinderung. Sichtweisen der katholischen Kirche und der Ethik

GRIN Verlag

Bibliografische Information der Deutschen Nationalbibliothek:

Die Deutsche Bibliothek verzeichnet diese Publikation in der Deutschen National-
bibliografie; detaillierte bibliografische Daten sind im Internet über http://dnb.d-
nb.de/ abrufbar.

Impressum:

Copyright © 2012 GRIN Verlag GmbH
Druck und Bindung: Books on Demand GmbH, Norderstedt Germany
ISBN: 978-3-656-93033-4

Dieses Buch bei GRIN:

http://www.grin.com/de/e-book/294807/sexualitaet-mit-geistiger-behinderung-
sichtweisen-der-katholischen-kirche

Bachelorarbeit

Titel der Bachelorarbeit

„Sexualität mit geistiger Behinderung – Sichtweisen der katholischen Kirche und der Ethik"

Verfasserin

Stephanie Lainer

angestrebter akademischer Grad

Bac.

Wien, 2012

Studienrichtung lt. Studienblatt: Katholische Religionspädagogik

Inhaltsverzeichnis

Einleitung

„Ich bin ein Mensch mit einem Handikap.
An erster Stelle bin ich aber ein Mensch!"[1]

Die Thematik der Sexualität in Verbindung mit körperlicher Behinderung ist sehr weitreichend und wird in der Literatur und Wissenschaft viel diskutiert. Dies hängt zum einem damit zusammen, dass mehrere unterschiedliche Fachrichtungen sich mit Sexualität beschäftigen, und zum anderen Behinderungen in vielfältiger Weise auftreten können und in ebenso vielfältigen Disziplinen behandelt und diskutiert werden. Das Thema Sexualität bei geistig behinderten Menschen schien bis in die 1980er Jahren zumindest innerhalb der Behindertenarbeit allgemein akzeptiert. Das verstärkte Aufkommen von AIDS und die vermehrte Sterilisation von nicht einwilligungsfähigen Behinderten hat diese Thematik jedoch wieder verstärkt in den Blickpunkt der wissenschaftlichen und pädagogischen Diskussion gebracht.[2]

Die Pubertät ist im Leben eines jeden Menschen, egal ob mit oder ohne Behinderung, eine schwierige aber auch sehr bedeutsame Zeit für die weitere Entwicklung des Jugendlichen hin zum Erwachsen werden. In der Pubertät eines jeden und jeder Jugendlichen treten dieselben emotionalen, physischen und sozialen Veränderungen in ähnlicher Weise auf. Deshalb sollten junge, geistig behinderte Jugendliche wie alle anderen Jugendliche behandelt werden.[3]

Die politischen und gesellschaftlichen Diskussionen für eine Verbesserung der Situation von behinderten Menschen in der Gesellschaft könnten in diesem Zusammenhang zu der Hypothese führen, dass Menschen mit Down Syndrom einen Anspruch auf Sexualität haben. Dieser Anspruch soll in dieser Arbeit nicht im juristischen Sinne geprüft werden, sondern es soll durch die Analyse und einer vergleichenden Betrachtung beider Sichtweisen (der Ethik und der katholischen Kirche) der Frage nachgegangen werden, ob Menschen auch aus ethischer und katholischer Sicht einen Anspruch auf die Auslebung der Sexualität besitzen. Oft fehlt auch in Wohnstätten, Heimen oder anderen Betreuungseinrichtungen die

---

[1] Zit. einer jungen Frau mit Down-Syndrom. in Down-Syndrom. Was bedeutet das? Deutsches Down Syndrom Infocenter, Lauf[5] 2001.
[2] Vgl. WALTER, Joachim, Sexualität und geistige Behinderung. Gesellschaft für Sexualerziehung und Sexualmedizin. Band I, Baden Würtenberg[6] 2005, 5.
[3] Vgl. MELDBER SCHWIER/Karin, HINGSBURGER, Dave, Sexualität. Ein Ratgeber für Eltern von Kindern mit Handicap, Zirndorf, 2005, 40 aus dem engl. Orig. übers. v. STRÖMER, Michael, Zirndorf 2002 [Original: H. Paul, United States of America, 2000].

sexualpädagogische Fachkompetenz der Fachkräfte. Die Problematik der Sexualität liegt auch in den Ängsten und Unsicherheiten der Eltern und BetreuerInnen und den daraus resultierenden falschen pädagogischen Konsequenzen.[4]

Die katholische Kirche hat im Bezug auf Sexualität einen schlechten Ruf in der Gesellschaft, und beide Begriffe zusammen assoziieren oftmals ein negatives Bild. Auch aus diesem Grund wird in der Forschungsfrage und im weiteren Verlauf der Arbeit die Bezeichnung „Lehre der Kirche" vermieden.

Forschungsfrage

In dieser Arbeit wird folgenden Forschungsfragen nachgegangen:

Was ist die Sichtweise der katholischen Kirche und der Ethik im Bezug auf Sexualität für Menschen mit Down Syndrom/geistiger Behinderung?

Haben Menschen mit einer geistigen Behinderung im speziellen mit dem Down Syndrom ein Recht auf die Sexualität?

Methode und Aufbau der Arbeit

In der vorliegenden Arbeit wird versucht, auf die Problemstellung von Sexualität im Zusammenhang mit Menschen mit Down Syndrom einzugehen. Die beiden Themengebiete Sexualität und geistige Behinderung sind breit gefächert, und daher beschäftigen sich mehrere verschiedene wissenschaftliche Richtungen mit dieser Thematik. Dies sei an dieser Stelle erwähnt, da in vielen wissenschaftlichen Schriften die Sexualität von Menschen mit Down Syndrom nicht explizit, sondern eben die Sexualität im Rahmen der geistigen Behinderung behandelt wird.

Um das Ziel der vorliegende Bachelorarbeit zu erreichen, wird mit Hilfe der Analyse des derzeitigen Wissensstandes gearbeitet. Durch die Darstellung der wissenschaftlichen Veröffentlichungen kann ein Bild herausgearbeitet werden, welche Sichtweise die Ethik[5] und die katholische Kirche[6] zu diesem Thema hat.

---

[4] Vgl. ACHILLES, Ilse, Was macht ihr Sohn denn da? Geistige Behinderung und Sexualität, München [4] 2005, 9.
[5] In dieser Arbeit wird unter „Ethik" die Ethik der Behindertenpädagogik sowie die Ethik der philosophischen Richtung versucht aufzuzeigen.
[6] Unter dem Begriff katholische Kirche bzw. die Sichtweise der katholischen Kirche wird in dieser Bachelorarbeit versucht die offizielle Sichtweise des Heiligen Stuhls zu der Thematik darzustellen.

Die Arbeit gliedert sich in drei Hauptkapitel. Im ersten Kapitel wird versucht, den Begriff der Behinderung zu definieren. Dabei werden unterschiedliche Ansätze von Definitionen vorgestellt, die in den Fachpublikationen und Organisationen vertreten werden. Da sich diese Arbeit mit der speziellen Form der Behinderung des Down Syndroms beschäftigt, wird am Ende dieses Kapitels der Begriff der Behinderung auf das Down Syndrom näher eingeschränkt.

Im zweiten Kapitel wird auf die Sexualität bei Menschen mit Down Syndrom eingegangen. Dabei wird zuerst eine kurze Begriffserklärung der Sexualität angeführt. In weiterer Folge werden die beiden Themen Sexualität und Menschen mit Down Syndrom zusammengeführt. Ein besonders Augenmerk wird dabei auf jene Problemfelder gerichtet, die in diesem Zusammenhang entstehen.

Nachdem dem/der Leser/in diese Thematik und die speziellen Problemfelder aufgezeigt wurden, wird im dritten Kapitel dargelegt, welche Sichtweisen die Ethik der Behindertenpädagogik bzw. die philosophische Ethik und welche Sichtweise die katholische Kirche (im europäischen Raum) in Bezug auf Sexualität bei geistiger Behinderung (mit Down Syndrom) hat.

Abschließend folgt eine kurze vergleichende Betrachtung, bei der die wichtigsten Argumente der Ethik und der katholischen Kirche gegenübergestellt werden.

Im letzten Kapitel werden die Erkenntnisse der Arbeit zusammengefasst dargestellt und Antworten auf die Forschungsfragen gegeben.

Lainer Stephanie

1. Begriffsdefinitionen der Behinderung

Eine genaue Definition in der Literatur für das Wort Behinderung zu finden, sei es in der Pädagogik oder bei der World Health Organisation, ist nur schwer möglich, da es eine Vielzahl von Auslegungen des Begriffes gibt. In diesem Kapitel wird versucht, den Begriff der geistigen Behinderung und in weiterer Folge des Downsyndroms zu erläutern.

1.1. Definition von Behinderung

Bleidick definiert den Begriff „Behinderung" folgendermaßen: *"Als behindert gelten Personen, die infolge einer Schädigung ihrer körperlichen, geistigen oder seelischen Funktion soweit beeinträchtigt sind, dass ihre unmittelbaren Lebensverrichtungen oder ihre Teilhabe am Leben der Gesellschaft erschwert werden."*[7] Die Definition von Bleidick ist eine sehr offene Definition. Denn es könnte jeder einmal gehindert sein am gesellschaftlichen Leben teilzunehmen. Aber er spricht wichtige Elemente an, die für eine Definition von Behinderung wichtig sind, an. Darunter werden die körperliche, geistige sowie die seelische Beeinträchtigung („Schädigung") als Ausgangsposition und soziale Benachteiligung einer behinderten Person verstanden.[8] Bei Bleidick ist jedoch nicht erkennbar, wie er den Begriff „behindert" generierte.[9]

1.2 Definition von Behinderung nach der WHO

Da Bleidicks Definition nicht zufriedenstellend erscheint, sie jedoch wichtige Begriffe enthält, sollte nun der Unterschied zwischen „Schädigung" und „Behinderung" geklärt werden. In einer Formulierung von 1980 versuchte die WHO (World Health Organisation), eine „internationale Klassifikation der Schädigung, Behinderung und Beeinträchtigung" (ICIDH - international classification of impairment, disability and handicap) zu entwickeln. Diese hat zwischen drei Ebenen unterschieden: 1. „Impairment" (Schädigung) von Organen oder Funktionen des Menschen. 2. „Disability" (Behinderung) meint, dass der Mensch aufgrund seiner Schädigung ein Fähigkeitsdefizit besitzt (im Vergleich zu Nichtgeschädigten Menschen im gleichen Alter). 3. „Handicap" (Benachteiligung) beschreibt die

---

[7] Zit. BLEIDICK, Ulrich, Behinderung als pädagogische Aufgabe. Behinderungsbegriff und behindertenpädagogische Theorie, Stuttgart, 1999, 15.
[8] Vgl. CLOERKES, Günther, Soziologie der Behinderten. Eine Einführung, Heidelberg, 2007 [7] 4 – 5.
[9] Vgl. ebd. 5.

Lainer Stephanie

Benachteiligung im sozialen Umfeld aufgrund der Schädigung oder Behinderung.[10] Nach 1980 wurde an einer neuen Fassung gearbeitet, die 2005 in deutscher Sprache erschien und statt ICIDH jetzt ICF heißt. Die biopsychosozialen Ansätze vom vorherigen Modell wurden erheblich erweitert und damit der Lebenswirklichkeit der Betroffenen besser angepasst. Insbesondere wird nun der gesamte Lebenshintergrund der Betroffenen berücksichtigt.[11] Die ICF (International Classification of Functioning, Disability and Health) hat sich zu „einer Klassifikation der „Komponenten der Gesundheit"[12] entwickelt. Es werden im Gegensatz zur ICIDH, die Informationen in zwei Teile gegliedert, die jeweils zwei Komponenten aufweisen. Der erste Teil befasst sich mit Funktionsfähigkeit und Behinderung, während der andere Teil die Kontextfaktoren umfasst.[13] Diese entsprechen im ersten Teil den Körperfunktionen und - strukturen sowie Aktivitäten und Partizipation. Beim zweiten Teil sind es zum einen die Umweltfaktoren und zum anderen die personenbezogenen Faktoren.[14] Unter dem Begriff Behinderung versteht die ICF nun Folgendes:

„Behinderung ist ein Oberbegriff für Schädigungen (Funktionsstörungen, Strukturschäden, d. Übers.), Beeinträchtigungen der Aktivität und Beeinträchtigungen der Partizipation (Teilhabe). Er bezeichnet die negativen Aspekte der Interaktion zwischen einer Person (mit einem Gesundheitsproblem) und ihre Kontextfaktoren (Umwelt – und personenbezogene Faktoren)."[15]

Auch zu betonen ist, dass die ICF *„keine Klassifikation von Menschen ist. Sie ist eine Klassifikation der Gesundheitscharakteristiken von Menschen im Kontext ihrer individuellen Lebenssituation und den Einflüssen der Umwelt."[16]*

Cloerkes ist überzeugt, dass die WHO-Klassifikation einen guten Zugang bzw. den geeignetsten Zugang zum Problem der Definition von Behinderung darstellt. Bei genauer Betrachtung zeigen sich in der alten als auch in der neuen Version Schwächen. In beiden Versionen gilt die Schädigung als eine objektivierbare Abweichung von der Norm.[17] Cloerkes versucht eine Definition von „Behinderung" und „Behinderte" zu formulieren. Folgende Definition stammt aus einer älteren Ausgabe von ihm.

---

[10] Vgl. ANTOR, Georg/BLEIDICK, Ulrich, (Hg.), Handlexikon der Behindertenpädagogik. Schlüsselbegriffe aus Theorie und Praxis, Stuttgart, 2001, 59.
BIERMANN, Adrienne/GOETZE, Herbert, Sonderpädagogik. Eine Einführung, Stuttgart, 2005, 14.
CLOERKES, Günther, Soziologie der Behinderten, Heidelberg, 2007, 5.
WHO(World Health Organisation), International Classification of Impairments, Disabilities, and Handcaps. A Manual of Classification Relating to the Consequences of Disease. Geneva, 1980, 27ff.
[11] Zit. WHO (World Health Organisation), Internationale Klassifikation der Funktionsfähigkeit, Behinderung und Gesundheit,Genf, original englisch 2001, deutsch Oktober 2005, 4.
[12] Zit. ebd. 10.
[13] Zit. ebd. 13.
[14] Vgl. ebd. 13 -14.
[15] Zit. WHO (World Health Organisation), Internationale Klassifikation der Funktionsfähigkeit, Behinderung und Gesundheit,Genf, original englisch 2001, deutsch Oktober 2005, 145 – 146.
[16] Zit. ebd. 171.
[17] Vgl. CLOERKES, Günther, Soziologie der Behinderten, Heidelberg, 2007, 7.

„Eine Behinderung ist eine dauerhafte und sichtbare Abweichung im körperlichen, geistigen oder seelischen Bereich, der allgemein ein entschieden negativer Wert zugeschrieben wird. ‚Dauerhaftigkeit' unterscheidet Behinderung von Krankheit. ‚Sichtbarkeit' ist im weitesten Sinne das ‚Wissen' anderer Menschen um die Abweichung. Ein Mensch ist ‚behindert', wenn erstens eine unerwünschte Abweichung von wie auch immer definierten Erwartungen vorliegt und wenn zweitens deshalb die soziale Reaktion auf ihn negativ ist".[18]
Seine Definition lässt erkennen, dass der gesellschaftliche Aspekt einen großen Stellenwert hat.

Nachdem gezeigt wurde, wie die WHO auf internationaler Ebene Behinderung definiert, soll nun der Blick auf die Definition der Behindertenpädagogik fallen.

1.3 Definition von Behinderung der Behindertenpädagogik

In der allgemeinen Pädagogik würde sich der Begriff Behinderung auf eine Störung der Erziehung und Bildbarkeit beziehen.[19] Aber es gibt Teilgebiete in der allgemeinen Pädagogik, die sich im Bezug auf die Erziehung und Bildung mit behinderten Menschen auseinandersetzen. Dazu zählt die Sonder- und Heilspädagogik.[20] Im Handlexikon der Behindertenpädagogik wird Behinderung von Bleideck folgendermaßen definiert: *„Als behindert gelten Personen, die infolge einer Schädigung ihrer körperlichen, seelischen oder geistigen Funktionen soweit beeinträchtigt sind, dass ihre unmittelbaren Lebensverrichtungen oder ihre Teilnahme am Leben der Gesellschaft erschwert werden."[21]*

1.4. Abgrenzung geistige Behinderung

Trotz der unterschiedlichen Auffassungen der Behinderung wird darauf geachtet, nicht zu sehr einzuschränken und daher Behinderung in einem weiten Definitionsrahmen zu verstehen ist. In Bezug auf die Arbeit wird hier im Speziellen auf das Down Syndrom eingegangen, welches unter die Gruppe der geistigen Behinderung fällt.

Dieser Begriff „geistige Behinderung" wurde 1950 von der Lebenshilfe zum ersten Mal in fachliche Diskussionen eingeführt. Sie hatten versucht Bezeichnungen für Behinderte wie „Idiot", „Blödsinn" oder „Schwachsinn" zu ersetzen bzw. abzulösen, da diese Begriffe als negative Stigmata galten. Gleichzeitig versuchte die Lebenshilfe einen Anschluss an die Begriffe aus dem Englischen mental handicap and mental retardation zu finden.[22] Nur was ist

---

[18] Zit. nach ebd. 8.
[19] Vgl. SUHRWEIER, Horst, Geistige Behinderung. Psychologie Pädagogik Therapie, Berlin, 1999, 23.
[20] Vgl. ANTOR, Georg/BLEIDICK, Ulrich, (Hg.), Handlexikon der Behindertenpädagogik. Schlüsselbegriffe aus Theorie und Praxis, Stuttgart, 2001, 62.
[21] Zit. ANTOR, Georg/BLEIDICK, Ulrich, (Hg.), Handlexikon der Behindertenpädagogik, Stuttgart, 2001, 59.
[22] Vgl. KULIG, Wolfram, THEUNISSEN Georg, WÜLLENWEBER, Ernst, Geistige Behinderung, 116 in: WÜLLENWEBER, Ernt/THEUNISSEN, Georg/MÜHL, Heinz, (Hg.), Pädagogik bei geistigen Behinderten. Ein Handbuch für Studium und Praxis, Stuttgart, 2006.

eine geistige Behinderung? Für nicht geistig behinderte Personen ist es schwierig „geistige Behinderung" zu definieren.[23] Wir können nur eine Definition vornehmen auf der Basis der Achtung der anderen.[24] Speck schreibt, dass es *die geistige Behinderung* nicht gibt. Denn jede/r WissenschaftlerInnen, jeder Arzt, jede Ärztin und auch die Eltern sehen jeweils ein Kind mit einer geistigen Behinderung unterschiedlich. Somit kann es kein einheitliches Bild von geistiger Behinderung geben.[25] Trotz all dem versucht Speck zu beschreiben, was das Wort „geistige Behinderung" ausdrückt, nämlich *„ein Defizit, etwas Negatives, ein Manko, ein Handicap aus, noch dazu eines, das gesellschaftlich erheblich stigmatisiert, nämlich eine intellektuelle Unzugänglichkeit."*[26]

Aber nicht nur Speck versucht geistige Behinderung zu definieren auch andere Autoren versuchen den Begriff zu definieren. Hier ein paar Beispiele:

„Geistige Behinderung bedeutet eine signifikant verringerte Fähigkeit, neue oder komplexe Informationen zu verstehen und neue Fähigkeiten zu erlernen und anzuwenden (beeinträchtigte Intelligenz). Dadurch verringert sich die Fähigkeit, ein unabhängiges Leben zu führen (beeinträchtigte soziale Kompetenz). Dieser Prozess beginnt vor dem Erwachsenenalter und hat dauerhafte Auswirkungen auf die Entwicklung."[27]

„Geistig wesentlich behindert [...] sind Personen, bei denen in Folge einer Schwäche ihrer geistigen Kräfte die Fähigkeit zur Eingliederung in die Gesellschaft in erheblichen Umfang beeinträchtigt ist."[28]

„Als geistig behindert, wer infolge einer organisch-genetischen oder anderweitigen Schädigung in seiner psychischen Gesamtentwicklung und seiner Lernfähigkeit so sehr beeinträchtigt ist, dass er voraussichtlich lebenslanger sozialer und pädagogischer Hilfen bedarf. Mit den kognitiven Beeinträchtigungen gehen solche der sprachlichen, sozialen, emotionalen und der motorischen einher."[29]

„Geistige Behinderung ist durch substanzielle Einschränkungen einer Person charakterisiert, Einschränkungen, die sowohl ihre intellektuellen Fähigkeiten betreffen als auch ihre soziale Anpassung, wie sie sich bei der Konzeptbildung sowie beim sozialen und praktischen Anpassungsverhalten zeigt. Die Behinderung tritt vor Vollendung des 18. Lebensjahres auf."[30]

---

[23] Vgl. SPECK, Otto, Menschen mit geistiger Behinderung. Ein Lehrbuch zur Erziehung und Bildung, München[10] 2005, 43.

[24] Vgl. ebd. 43.

[25] Vgl. ebd. 48 -49.

[26] Zit. ebd. 47.

[27] Zit. URL: http://www.euro.who.int/de/what-we-do/health-topics/noncommunicable-diseases/mental-health/news/news/2010/15/childrens-right-to-family-life/definition-intellectual-disability (Stand: 30.07.2012)

[28] Zit. SUHRWEIER, Horst, Geistige Behinderung, Berlin, 1999,27 zit. nach. DUPUIS, 1992, 243.

[29] Zit. SUHRWEIER, Horst, Geistige Behinderung, Berlin, 1999,27 zit nach. Deutscher Bildungsrat 1979, 37.

[30] Zit. BIERMANN, Adrienne, GOETZE, Herbert, Sonderpädagogik. Eine Einführung, Stuttgart, 2005, 102 zit. nach. American Association of Mental Retardation 2002, übers. A.B.

Die hier angeführten Definitionen von geistiger Behinderung zweigen, dass es nicht möglich ist den Begriff objektiv und definitiv zu fixieren. Er ist vielmehr ein komplexes Phänomen.

Schon im 19. Jahrhundert versuchte man erste wissenschaftliche Auseinandersetzungen mit den Personengruppen mit geistiger Behinderung. Gewisse Ansätze halten bzw. hielten sich bis heute in gewissen Lehrbüchern.[31] Wie schon gesagt, ist geistige Behinderung ein komplexes Phänomen und ist in mehreren Wissenschaften Gegenstand von Diskussionen. Jede einzelne Wissenschaft verflogt ihr eigenes Ziel mit ihrer eigenen Methode, um zu Erkenntnissen zu kommen. Um aber ein Gesamtbild zu erhalten, müssen die einzelnen Wissenschaften sich gegenseitig zur Kenntnis nehmen. Unter anderem versucht der medizinische-genetische Aspekt auf die Ursache von geistiger Behinderung zu kommen und hat klinische Syndrome bei geistig Behinderten wie folgt eingeteilt: „*1. Pränatal – entstandene Formen geistiger Behinderung umfasst z.B. Genmutationen mit Enzymdefekten, Fehlbildungs-Retardierungs-Syndrome, Fehlbildung des Nervensystems, Chromosomenanomalien (hier zählt das Down Sydrom dazu), exogen verursachte Störungen und die sog. Idiophatische geistige Behinderung, aber deren Entstehung ist unklar. 2. Perinatale Komplikationen als Ursache geistiger Behinderung könne in Geburtsverletzungen, mangelnder Sauerstoffversorgung des Gehirns, während der Geburt, Frühgeburt bzw. Erkrankungen des Neugeborenen liegen. 3. Postnatal kann geistige Behinderung Folge einer Hirnschädigung sein, die sich m Verlauf der Kindheit ereignet.*"[32]

Es wird jetzt noch kurz der psychologische Aspekt beleuchtet. Um in der Psychologie geistige Behinderung bei Menschen festzustellen, wurde und wird noch heute mit Hilfe der Intelligenz eines Menschen als Anhaltspunkt gearbeitet. Sogar in der neuen „*Internationalen Klassifikation psychischer Störungen wird die geistige Behinderung als, Intelligenzminderung' bzw. ;Oligophernie' (= Schwachsinn) geführt. Als solche gilt, eine sich in der Entwicklung manifestierende, stehen gebliebene oder unvollständige Entwicklung der geistigen Fähigkeit.*"[33]

Nach der WHO wird die Intelligenz folgendermaßen eingestuft:

Grade der Intelligenzminderung	dazugehörige Begriffe
leichte Intelligenzminderung (IQ 50 – 69)	leichte geistige Behinderung (leichte Oligophrenie)

---

[31] Vgl. KULLIG Wolfram, THEUNISSEN, Georg, WÖLLENWEBER, Ernst, Geistige Behinderung, 118-119, in: WÖLLENWEBER, Ernt/THEUNISSEN, Georg/MÜHL, Heinz, (Hg.), Pädagogik bei geistigen Behinderten, Stuttgart, 2006.
[32] Zit. BIERMANN, Adrienne/GOETZE, Herbert (Hg.), Sonderpädagogik. Eine Einführung, Stuttgart, 2005, 104.
[33] Zit. SPECK, Otto, Menschen mit geistiger Behinderung, München, 2005, 56.

mittelgradige Intelligenz (IQ 35 – 49)	*mittelgradige geistige Behinderung (mittlere Oliophrenie)*
schwere Intelligenzminderung (IQ 20 -34)	*schwere geistige Behinderung (schwere Oliophrenie)*
schwerste Intelligenzminderung (IQ unter 20)	*schwerste geistige Behinderung (schwerste Oliophrenie)*

Tab. 1: Internationale Klassifikation psychischer Störungen (ICD -10Kapitel V (F), WHO 2000) [34]

Eine solche Messung und diese Einteilung sind für Speck eine Willkürliche. Denn diese Einteilung der Werte ist nur eine Orientierung und darf, so Speck, nicht starr angewendet werden. Er stellt in den Raum was man den genau unter dem Begriff der Intelligenz verstehen soll bzw. verstehen soll.[35] Speck führt in seinem Buch „Menschen mit geistiger Behinderung" noch weitere zwei Aspekte an. Den Aspekt der Soziologie und den der Pädagogik, welche aber hier nicht mehr weiter angeführt werden.[36]

Im Bezug auf das Down Syndrom führte Wendler eine Untersuchung durch und kam zu dem Ergebnis, dass die IQ-Durchschnittswerte bei Erwachsenen zwischen 50 und 60 liegt.[37] Daraus lässt sich schließen, dass das Down Syndrom nach dieser Untersuchung zu der Form einer leichten geistigen Behinderung gehört.[38] Im folgenden Kapitel wird das Down Syndrom genauer erklärt.

1.4.1. Abgrenzung von geistiger Behinderung – Down Syndrom

1959 entdeckte Jerome Lejeune, dass in der DNA (Desoxyribonukleinsäure) von Menschen mit Down Syndrom nicht 46 Chromosomen enthalten sind, sondern 47. Und das Chromosom ist nicht zweimal, sondern eben dreimal in der DNA enthalten und aus diesem Grund spricht man auch von der Trisomie 21.[39] Diese Form wird auch freie Trisomie [40] genannt. Denn das extra Chromosom schwebt frei herum. Man kann sagen, dass diese Form des Down Syndroms ca. 93% aller Menschen mit Down Syndrom besitzen.[41] Erstaunlicherweise gehört das Chromosom 21 zu den kleinsten Chromosomen und enthält nur 1,5% der menschlichen

---

[34] Zit. SPECK, Otto, Menschen mit geistiger Behinderung, München, 2005, 56, zit. nach ICD -10Kapitel V (F), WHO 2000.
[35] Vgl. SPECK, Otto, Menschen mit geistiger Behinderung, München, 2005, 56
[36] Vgl. SPECK, Otto, Menschen mit geistiger Behinderung, München, 2005, 58-71.
[37] Vgl. SUHRWEIER, Horst, Geistige Behinderung. Psychologie Pädagogik Therapie, Berlin, 1999, 235.
[38] Vgl. SUHRWEIER, Horst, Geistige Behinderung. Psychologie Pädagogik Therapie, Berlin, 1999, 235
[39] Vgl. WILKEN, Etta, Menschen mit Down-Syndrom in Familie, Schule und Gesellschaft. Marburg [2] 2009, 11.
Vgl. Deutsches Down-Syndrom Infocenter, Down Syndrom. Was bedeutet das?, Lauf [5] 2011, 6 – 7.
Vgl. BIERMANN, Adrienne/GOETZE, Herbert (Hg.), Sonderpädagogik. Eine Einführung, Stuttgart, 2005, 107.
Vgl. WILKEN, Etta, Menschen mit Down-Syndrom, Marburg, 2009, 165 – 170.
[40] Zit. ebd. 7.
[41] Zit. ebd. 7.

Erbinformation.[42] Trotzdem sind die prä- und postnatalen Veränderungen und Beeinträchtigungen vielfältig.[43] Wie und warum es zu Trisomie 21 kommt, ist bis heute noch weitgehend ungeklärt.[44] Zusätzlich zu Trisomie 21 gibt es noch zwei weitere Formen des Down Syndroms. Bei der ersten Form der Translokation ist, wie bei der Trisomie 21 auch, ein extra Chromosomenmaterial vorhanden. Aber es schwebt nicht frei, sondern hat sich einfach zu einem anderen Chromosom dazu gesellt, oft mit dem Chromosom Nr. 13,14,15 oder 22.[45] Diese Form kann von einem Elternteil übertragen werden und es können auch weitere Kinder mit dieser Form des Down Syndroms zur Welt kommen.[46] Die Translokation kommt bei ca. vier Prozent der Kinder mit Down Syndrom vor.[47] Die andere Form heißt Mosaik. Diese tritt noch seltener auf als die Translokation, mit nur einem Prozent von zwei bis drei Prozent aller Kinder mit Down Syndrom. Menschen mit der Mosaik Down Syndrom Form können sowohl Zellen mit 46 Chromosomen als auch mit 47 Chromosomen aufweisen.[48]

1.4.2 Entwicklungsschritte von Menschen mit Down Syndrom

Jeder Mensch ist anders und doch haben wir gewisse Merkmale mit unseren Eltern, Geschwistern oder Verwandten gemeinsam, sei es die Nase, die Mundwinkel, gewisse Fähigkeiten, Interessen oder das Verhalten. Und doch sind wir alle einzigartig. Genau so ist es mit den Kindern/Menschen die Down Syndrom haben.

Wie auch andere Kinder entwickeln sie sich nach ihren eigenen individuellen Fähigkeiten. Hierbei spielt, wie bei jeder Entwicklung eines Kindes, das soziale Umfeld, die Erbanlagen und die Gesundheit eine Rolle.[49] Auch die Intelligenz entwickelt sich bei Kindern mit Down Syndrom gleich wie bei nicht Behinderten. Nur ist das Tempo etwas langsamer, welches sich durch die ganze Entwicklung bei Kindern mit Down Syndrom hindurchzieht.[50]

Babys und Kleinkinder:

In der pränatalen Entwicklung kann man eine bedingte Veränderung feststellen, wie z.B. eine Fehlbildung des Herzens. Nach der Geburt und mit dem Heranwachsen des Kindes kann

---

[42] Vgl. WILKEN, Etta, Menschen mit Down-Syndrom, Marburg, 2009, 11.
Vgl. BIERMANN, Adrienne/GOETZE, Herbert (Hg.), Sonderpädagogik, Stuttgart, 2005, 107.
Vgl. WILKEN, Etta, Menschen mit Down-Syndrom, Marburg, 2009, 165 – 170.
[43] Zit. ebd. 11.
[44] Vgl. ebd. 11
Vgl. BIERMANN, Adrienne/GOETZE, Herbert (Hg.), Sonderpädagogik, Stuttgart, 2005, 107.
Vgl. WILKEN, Etta, Menschen mit Down-Syndrom, Marburg, 2009, 165 – 170
Vgl. Deutsches Down-Syndrom Infocenter, Down Syndrom, Lauf, 2011, 7.
[45] Vgl. ebd. und 8.
[46] Vgl. ebd.und 8.
[47] Zit. ebd. und 8.
[48] Zit. ebd. 8. Vgl. BIERMANN, Adrienne/GOETZE, Herbert (Hg.), Sonderpädagogik. Stuttgart, 2005, 107.
[49] Vgl. WILKEN, Etta, Menschen mit Down-Syndrom, Marburg, 2009,51.
[50] Vgl. WILKEN, Etta, Menschen mit Down-Syndrom, Marburg, 2009,51.

Lainer Stephanie

festgestellt werden, dass sich die Hirnentwicklung verlangsamt. Der Kopfumfang ist kleiner und der Hirnstamm sowie das Kleinhirn sind ebenfalls kleiner entwickelt. Wie schon erwähnt, brauchen die Kinder mit Down Syndrom im Vergleich zu anderen Gleichaltrigen im Durchschnitt länger. Sie lernen zum Beispiel erst im Alter von circa zehn Monaten zu sitzen, währen „normale" Babys das bereits mit ca. acht Monaten können. Dies hat aber wiederum eine Bandbreite von acht bis 28 Monaten. Laufen lernen sie mit ca. zwei Jahren. Aber auch hier liegen die Unterschiede zwischen 14 und 65 Monaten. Besonders groß ist die Bandbreite beim Sprechen. Von 16 Monaten bis zu sieben Jahren.[51] Wie jedes Kind erwerben auch Kinder mit Down Syndrom in den ersten Lebensjahren in allen Entwicklungsbereichen Grundfähigkeiten und deshalb soll wie bei jedem Kind auch, auf die spezielle und individuelle Förderung geachtet werden, die gewissen Beeinträchtigungen berücksichtigt werden und dementsprechende Hilfestellungen angeboten werden.[52]

Kindergarten und Vorschulzeit:

Im Kindergarten und Vorschulalter können sich Kinder mit Down Syndrom nur schwer konstruktiv mit einem bestimmten Spielzeug befassen. Sie sind mehr funktionsorientiert unterwegs. Das bedeutet, dass sie gerne ausräumen, mit Dingen klopfen oder sie sogar werfen. Auch die Ausdauer ist nur von kurzer Dauer und sie lassen sich leicht ablenken. Aus diesem Grund ist es wichtig, ihnen eine entsprechend strukturierte Lernbedingung zu schaffen bzw. zu gestalten. Des Weiteren müssen Kinder auch viele Ermutigungen und Hilfen erhalten.[53] Was zu Problemen führen kann, ist das Weglaufen bzw. das hinlaufen auf etwas Interessantes. Sie verstehen Ursache und Wirkung nicht und es fällt ihnen schwer, verschiedene Eindrücke und Informationen zu integrieren und sie zu verstehen.[54]

Die Schulzeit:

In welche Schule die Kinder gehen, hängt oft von ihrer eigenen sprachlichen und motorischen Fähigkeit ab. Da es auch hier eine große Gratwanderung gibt, muss genau ermittelt werden, welche schulischen Förderziele das jeweilige Kind braucht, um die Schule abschließen zu können.

Der nächste Entwicklungsschritt ist die Pubertät. Doch zu diesem Thema wird im Kapitel 2.4.1 im Rahmen der Sexualität eingegangen. Denn ab dem Zeitpunkt der Pubertät gewinnt

---

[51] Vgl. ebd. 52 – 55.
[52] Vgl. ebd. 55.
[53] Vgl. WILKEN, Etta, Menschen mit Down-Syndrom, Marburg, 2009, 67.
[54] Vgl. ebd. 69.

Lainer Stephanie

auch die Sexualerziehung immer mehr an Bedeutung, weshalb hier noch kurz auf den Begriff der Sexualität eingegangen wird.

2. Sexualität und Behinderung - das „Down Syndrom"

In diesem Kapitel wird kurz eine Definition von Sexualität angeführt. Weiters wird auf die Sexualität bei geistig Behinderten, insbesondere bei Menschen mit Down Syndrom, dargelegt. Ebenso werden Problemfelder/Einflussfaktoren behandelt, die mit Sexualität und geistiger Behinderung bzw. Down Syndrom zu tun haben.

2.1. Begriff der Sexualität

Genauso wie bei der Definition von „Behinderung" gibt es auch bei der Sexualität eine Vielzahl von unterschiedlichen Definitionen. Sielert hat die Problematik der Definition von Sexualität folgendermaßen in seinem Buch „Einführung in die Sexualpädagogik" beschrieben:

> *„Sexualität zu definieren, macht einige Mühe. Sexualität umfasst zu viel und zu Widersprüchliches, ist weitgehend dem Irrationalen und Unbewussten verhaftet."* [55]

Um die Vielschichtigkeit dieses Begriffes zu verdeutlichen, werden nun einige Definitionen von Sexualität angeführt:

> *„Die Sexualität des Menschen manifestiert sich primär in je besonderen Verhaltensweisen [...] Sie ist dem Menschen als psychische Disposition aufgegeben und bedarf wie andere Grundvermögen von Geburt an der altersmäßigen Förderung. Wenigstens drei Aufgaben hat sie zu erfüllen: dem individuellen Glück und Lustgewinn (Lustfunktion), der zwischenmenschliche Kommunikation (Sozialfunktion) und der Arterhaltung des Menschengeschlechts (Fortpflanzungsfunktion). Wir Sexualität auf ein bestimmtes Alter (z.B. Erwachsenenalter), auf nur eine Verhaltensweise (z.B. Koitus), auf einen psychologischen Teilaspekt (z.B. Orgasmus) oder auf einer ihrer Funktionen (z.B. Fortpflanzungsfunktion) reduziert, so bedeutet dies eine grobe und daher unzulässige Verkürzung."* [56]

> *„Sexualität ist das gesellschaftliche Produkt von interaktionistischen und kulturellen Prozessen auf einer biologischen Grundlage."* [57]

> *„Sexualität kann verstanden werden als allgemeine, auf Lust bezogene Körperenergie, die sich des Körpers bedient, aus vielfältigen Quellen gespeist wird, ganz unterschiedliche Ausdrucksformen kennt und in verschiedenster Hinsicht sinnvoll ist"* [58]

Betrachtet man die drei angeführten Zitate, dann lässt sich sagen, dass Sexualität nicht nur den reinen Geschlechtsverkehr oder die Fortpflanzung beinhaltet, sondern unterschiedliche

---

[55] Zit. SIELERT, Uwe, Einführung in die Sexualpädagogik, Weinheim und Basel, 2005, 37.
[56] Zit. KLUGE, Norbert , Einführung in die Sexualpädagogik. Darmstadt, 1978, 28.
[57] Zit. HOPF, Arnulf, Grundlagen der Schulpädagogik. Fächerübergreifende Sexualpädagogik, Hohengehren, 2008, 17.
[58] Zit. SIELERT, Uwe, Einführung in die Sexualpädagogik, Weinheim und Basel, 2005, 41.

Lainer Stephanie

Funktionen hat, wie z.B. das Ausleben von Fantasien, sich dem anderen zu öffnen, Intimität,[59] Dimension zwischenmenschlicher Kommunikation und persönlicher Selbstentfaltung.[60]

In welchem Verhältnis steht die Sexualität zu Menschen mit geistiger Behinderung bzw. mit Down Syndrom? Haben sie überhaupt ein Recht auf Sexualität? Im nächsten Kapitel werden diese zwei Fragen im Speziellen diskutiert.

2.2. Sexualität und geistige Behinderung

Wenn wir nun die Definitionen von Sexualität und Behinderung näher betrachten, so kann laut Walter nur *eines daraus folgen, und zwar „dass es keine besondere Sexualität geistigbehinderter Menschen geben kann. Denn Sexualität ist bei Behinderten nichts anderes als bei Nicht–Behinderten auch: eine Energie, die Beziehungen aufnehmen, Zärtlichkeit und Liebe erfahren lässt".*[61]

„Partnerschaft, Liebe und Sexualität sind wesentliche Elemente im Leben geistig behinderter Menschen. Soll ihr Leben gelingen, dann müssen wir Nichtbehinderten besonders aufmerksam auf die Wünsche und Bedürfnisse der behinderten Frauen und Männer hören und ihre Freundschaften partnerschaftlich und mit der notwendigen Hilfe begleiten".[62]
Zu dieser Aussage von Huber Norbert passt auch die „Fernperspektive" von Kentler.

„Allen Menschen, wirklich alle Menschen, gleich welchen Alters, auch der Säugling, auch die Greisin, der Greis, gleich ob männlich oder weiblich oder transsexuell, ob sie eine Behinderung haben oder nicht, gleich welcher Orientierung – ob sie also hetero-,homo- oder bisexuell sind-, alle Menschen haben das Recht auf sexuelles Glück, und sie haben darum einen Anspruch darauf zu lernen, selbst darüber zu bestimmen, wie sie sexuell glücklich werden. Dazu müssen sie ausprobieren und wählen können, und es ist unsere Aufgabe, ihnen dabei zu helfen".[63]
Durch dieses Zitat möchte ich zu dem Thema der Grundrechte überleiten. Haben die geistig Behinderten ein Grundrecht auf Sexualität? Dazu werde ich einen Artikel von Walter Joachim sowie die UNO-Deklaration von 2012 verwenden.

---

[59] Vgl. CLIGNON, Silvia, Ganz einfach Beziehung. Partnerschaft und Sexualität von Menschen mit geistiger Behinderung, Saarbrücken, 2008.
[60] Vgl. WALTER, Joachim, Sexualität und geistige Behinderung. Gesellschaft für Sexualerziehung und Sexualmedizin. Band I, Heidelberg [6] 2005, 34.
[61] Zit. WALTER, Joachim, Sexualität und geistige Behinderung. Heidelberg, 2005, 35.
[62] Zit. HUBER, Norbert, Partnerschaft – Liebe – Sexualität. Gedanken zum Thema in: WALTER,Joachim, Sexualität und geistige Behinderung, Heidelberg, 2005, 28.
[63] Zit. KENTLER, H , Perspektiven. in: FÄRBER, Hans Peter/LIPPS, Wolfgang/SEYFRATH, Thomas,(Hg.) Sexualität und Behinderung. Umgang mit einem Tabu, Tübingen, 2. unveränderte Auflage, 2000, 241.(- 247).

2.3 Grundrecht auf Sexualität

Stinkes führt in ihrem Artikel „Sexualität und Behinderung – kein Tabuthema" an, dass die Sexualität ein Grundbedürfnis ist. Des weiteren führt sie aus, dass es keinen Grund gibt, daran zu zweifeln, dass die Liebe, die Partnerschaft sowie Sexualität sowohl für Menschen mit Behinderung (seien die jetzt körperlich oder geistig behindert) gelten als auch für nicht behinderte Menschen.[64]

Auch andere Autoren/Autorinnen setzen sich mit dem Thema Grundrecht auf Sexualität auseinander. So schreibt auch Walter Joachim in seinem Buch „Sexualität und geistige Behinderung", dass sich aufgrund seiner Untersuchungen in den letzten Jahren eine bejahende Grundeinstellung zur Sexualität von geistigbehinderten Menschen feststellen lässt.[65]

Mitte Dezember 2006 wurde in New York die UN-Konvention der „Rechte von Menschen mit Behinderung" in der UN-Vollversammlung verabschiedet.[66] Die Mitgliedstaaten, die diesen Vertrag unterzeichnet haben, haben sich dazu verpflichtet, eine behindertengerechte Politik zu führen. Das bedeutet, dass sie (die Mitgliedsstaaten) versuchen, die Menschenrechte von Menschen mit Behinderung zu fördern und sich des Weiteren dazu verpflichtet haben, Barrieren und Vorurteile gegenüber den Menschen mit Behinderung abzubauen.[67] Die UN-Konvention trat in Österreich im Jahr 2008 in Kraft. Der erste Artikel von dieser Konvention lautet folgendermaßen:

> „Zweck dieses Übereinkommens ist es, den vollen und gleichberechtigten Genuss aller Menschenrechte und Grundfreiheiten durch alle Menschen mit Behinderungen zu fördern, zu schützen und zu gewährleisten und die Achtung der ihnen innewohnenden Würde zu fördern. Zu den Menschen mit Behinderungen zählen Menschen, die langfristige körperliche, seelische, geistige oder Sinnesbeeinträchtigungen haben, welche sie in Wechselwirkung mit verschiedenen Barrieren an der vollen, wirksamen und gleichberechtigten Teilhabe an der Gesellschaft hindern können."[68]

Aus diesem Artikel lässt sich aus dem ersten Teil: „den vollen und gleichberechtigten Genuss aller Menschenrechte und Grundfreiheiten durch alle Menschen mit Behinderungen zu fördern,... "[69] ableiten, dass in diesem Zusammenhang auch der Bereich der Sexualität, Liebe und Partnerschaft enthalten sein muss. Im Zuge dessen ist der Artikel 23 „Achtung der

---

[64] Vgl. STINKES, Ursula, Sexualität und Behinderung – kein Tabuthema mehr?! Erweiterter und ausgearbeiteter Vortrag auf der Tagung des VDS (Treffpunkt G) am 18.11.2006/ Schule für Körperbehinderte in Stuttgart-Vaihingen, 2006, 4.
[65] Vgl. WALTER, Joachim, Sexualität und geistige Behinderung. Heidelberg, 2005, 37.
[66] Vgl. Lebenshilfe Wien 2012, URL: http://www.lebenshilfe-wien.at/UNO-macht-Gleichstellung-zu-vo.502.0.html (Stand: 27.07.2012).
[67] Vgl. ebd.
[68] Zit. URL: http://www.krischanitz-noebauer.at/doku/bmasknap/downloads/05_un-konvention-mit-fakultativprotokoll.pdf 5 (Stand: 27.07.2012).
[69] Zit. URL: http://www.krischanitz-noebauer.at/doku/bmasknap/downloads/05_un-konvention-mit-fakultativprotokoll.pdf , 5 (Stand: 27.07.2012).

Wohnung und der Familie" im Bezug auf die Sexualität, Ehe, Partnerschaft und Familiengründung nicht außer Acht zu lassen.

(1) Die Vertragsstaaten treffen wirksame und geeignete Maßnahmen zur Beseitigung der Diskriminierung von Menschen mit Behinderungen auf der Grundlage der Gleichberechtigung mit anderen in allen Fragen, die Ehe, Familie, Elternschaft und Partnerschaften betreffen, um zu gewährleisten, dass

a) das Recht aller Menschen mit Behinderungen im heiratsfähigen Alter, auf der Grundlage des freien und vollen Einverständnisses der künftigen Ehegatten eine Ehe zu schließen und eine Familie zu gründen, anerkannt wird;

b) das Recht von Menschen mit Behinderungen auf freie und verantwortungsbewusste Entscheidung über die Anzahl ihrer Kinder und die Geburtenabstände sowie auf Zugang zu altersgemäßer Information sowie Aufklärung über Fortpflanzung und Familienplanung anerkannt wird und ihnen die notwendigen Mittel zur Ausübung dieser Rechte zur Verfügung gestellt werden;

c) Menschen mit Behinderungen, einschließlich Kindern, gleichberechtigt mit anderen ihre Fruchtbarkeit behalten.[70]

Außerdem beinhaltet dieser Artikel auch das Recht auf eine ordnungsgemäße Sexualaufklärung.

Auf Österreich bezogen gibt es die unterschiedlichsten Vereine, die sich für die Rechte der behinderten Menschen einsetzen. Die Lebenshilfe ist nur eine von vielen, die sich für die Rechte der behinderten Menschen, nicht nur im Hinblick auf die Sexualität, einsetzen. Aber dennoch lässt sich sagen, dass es noch ein weiter Weg ist, bis die UN-Konvention tatsächlich so ausgeführt wird, wie es in der Konvention beabsichtigt ist.

Kurz zusammenfassend lässt sich sagen, dass Menschen mit geistiger Behinderung nach der UN–Konvention sehr wohl ein Recht auf Sexualität haben und diese auch ausleben sollen.

Im kommenden Kapitel wird explizit die Sexualität bei Menschen mit Down Syndrom sowie die sexuelle Entwicklung eines Menschen mit Down Syndrom behandelt.

2.4 Sexualität und das Down Syndrom

Die Sexualität kommt bei Menschen mit Down Syndrom sehr unterschiedlich zum Ausdruck. Wenn man ein Gespräch über die Sexualität mit Menschen mit Down Syndrom führt, ist es daher bedeutsam, die Sexualität nicht auf die rein genital sexuelle Natur (wie z.B. auf den Geschlechtsverkehr oder die Masturbation) zu beschränken. Dieses Spektrum sollte weiter reichen und muss auf die sozial-sexuellen Bedürfnisse ausgeweitet werden. Verständlicher kann man es so erklären: zu wissen, dass man einen Freund/Freundin hat, der für einen da ist, der einem das Gefühl gibt geliebt zu werden. Natürlich gehört auch die sexuelle Befriedigung

---

[70] Zit. ebd. 22.

zu diesem Spektrum, und diese gehört genau so angesprochen wie die anderen Facetten. Darauf zu achten ist besonders wichtig bei Gesprächen mit vorpubertierenden bzw. pubertierenden Jugendlichen.[71]

Im nun folgenden Kapitel wird ein Blick auf die Entwicklungsstufen der Sexualität bei Menschen mit Down Syndrom geworfen.

2.4.1.Entwicklungsstufen der Sexualität mit Down Syndrom

Mit der Sexualerziehung sollte man nicht erst in der Pubertät anfangen. Sie ist in der gesamten Kindesentwicklung ein wichtiger Aspekt. Durch die Zärtlichkeit der Eltern zu ihren Kindern, sei es eine herzliche Umarmung, Kuscheln mit dem Kind, ein Streicheln, ein Kuss zum Abschied oder die Zuwendung bei der körperlichen Pflege - all dies bietet Kindern eine essenzielle Grundlage für ihre eigene Entwicklung sowie die Einstellung zu ihrem eigenen Körper. Desweiteren erleben sie schon im Kleinkindalter die unterschiedlichsten Verhaltensregeln im Privatbereich und in der Öffentlichkeit. Kinder und Jugendliche mit Down Syndrom benötigen in diesem Bereich eine einfühlsame Unterstützung, sei es jetzt von den Eltern zu Hause oder von Lehrern im schulischen Bereich, die ihnen das richtige Verhalten im Privatbereich sowie in der Öffentlichkeit beibringen.[72]

Die Pubertät bei Jugendlichen mit Down Syndrom ist im Vergleich zu der Pubertät Nichtbehinderter nicht anders. Es bedeutet auf beiden Seiten ein Abnabeln von den Eltern, selbstständiger zu werden, ihre eigene Identität finden. In Bezug auf die eigene Identität bedeutet dies, dass Jugendliche mit Down Syndrom sich ihrer Behinderung bewusst werden und merken, dass sie zu anderen anders sind. Sie stellen auch fest, dass sie wegen ihrer Behinderung des Öfteren noch Hilfe bzw. Unterstützung benötigen, obwohl sie vielleicht viel selbstständiger sein möchten.[73]

Es ist wichtig mit Heranwachsenden auch über sexuelle Gefährdung zu reden und mit ihnen Übungen durchzuführen, um ihnen aufzuzeigen, dass man auch Nein sagen darf. Man soll

---

[71] Vgl. WILKEN, Etta, Menschen mit Down-Syndrom, Marburg, 2009, 202.

[72] Vgl. WILKEN, Etta, Menschen mit Down-Syndrom, Marburg, 2009, 130 -133.
PUESCHEL, Siegfried/SUSTROVA, Maria (Hg.) Thema Down Syndrom. Erwachsen warden, Zirndorf, 2002 , 13, 22, 59, aus dem engl. Orig. übers. v. Strömer Michael, Zirndorf 2002 [Original: H. Paul, Adolescents with Down Syndrome – Toward a More Fulfilling Life, United States of America, 1997].
Vgl. MELDBER SCHWIER, Karin/HINGSBURGER, Dave, Sexualität. Ein Ratgeber für Eltern von Kindern mit Handicap, Zirndorf, 2005, 31–43, 69–76, 80, aus dem engl. Orig. übers. v. STRÖMER, Michael, Zirndorf 2002 [Original: H. Paul, United States of America, 2000].
[73] Vgl. ebd.

Lainer Stephanie

versuchen ihnen beizubringen, dass man sich auch mit wenig sprachlichen Kenntnissen mitteilen kann, und was in welcher Situation angebracht ist und was nicht.[74] In Bezug zum Reifeprozess einer jungen heranwachsenden Frau mit Down Syndrom bietet die Fachliteratur nur sehr wenig und wenn, gehen die Meinungen bzw. die Studien sehr weit auseinander. Grundsätzlich sollte man sie wie eine nicht behinderte junge heranwachsende Frau behandeln und ihr zeigen und erklären was es mit der Monatshygiene auf sich hat. Es kann sein, dass Frauen mit Down Syndrom am Anfang öfters noch Hilfestellung und eine einfühlsame Unterstützung benötigen. Ab wann es nötig ist einen Frauenarzt aufzusuchen, hängt von jedem Einzelnen selber ab. Wenn aber eine Untersuchung geplant ist, dann sind hier ein großes Einfühlungsvermögen und ein entsprechendes Vorbereitungsgespräch von Nöten. Genauso wie die Mädchen gehören auch die jungen Männer aufgeklärt. Was sich bei ihnen alles in laufe der Zeit verändert und das der nächtliche Samenerguss normal ist. Im Bezug auf beiden Seiten soll auch auf die Körperpflege eingegangen werden.[75]

In der Pubertät (aber nicht nur in dieser Entwicklungsstufe) stellen sich Probleme bei Menschen mit Down Syndrom bzw. geistiger Behinderung über die Sexualität ein. Im nachfolgenden Kapitel wird sich zeigen, dass es vor allem an sozialen und strukturellen Faktoren liegt, die sich negativ äußern oder sogar verhindern, dass Menschen mit geistiger Behinderung bzw. Down Syndrom ihre Sexualität ausleben dürfen bzw. können.

2.5. Problemfelder

In diesem Kapitel wird der Frage nachgegangen, welche Gründe es gibt, die es verhindern bzw. unmöglich machen, dass Menschen mit geistiger Behinderung bzw. mit Down Syndrom ihre Sexualität frei ausleben können bzw. dürfen. Walter sagt im Zusammenhang zu diesem Sachverhalt, dass es meist in erste Linie von der Toleranzgrenze der jeweiligen Bezugperson abhängig ist, wie und in welchem Ausmaß, Menschen mit einer Behinderung ihre Sexualität ausleben können bzw. dürfen.[76] Weiters führt er an,

„dass die primäre geistige Behinderung diese Menschen oft weniger im Erleben ihrer Sexualität behindert, als all unsere ablehnenden Vorurteile, all die hinderlichen baulichen und strukturellen Bedingungen in der elterlichen Wohnung oder in den Wohngruppen der Heime oder Anstalten, mit

---

[74] Vgl. ebd.
[75] Vgl. WILKEN, Etta, Menschen mit Down-Syndrom, Marburg, 2009, 133.
PUESCHEL, Siegfried/SUSTROVA, Maria (Hg.) Thema Down Syndrom. Erwachsen warden, Zirndorf, 2002 ,37–39, aus dem engl. Orig. übers. v. Strömer Michael, Zirndorf 2002 [Original: H. Paul, Adolescents with Down Syndrome – Toward a More Fulfilling Life, United States of America, 1997].
Vgl. MELDBER SCHWIER, Karin/HINGSBURGER, Dave, Sexualität. Ein Ratgeber für Eltern von Kindern mit Handicap, Zirndorf, 2005, 127-132, aus dem engl. Orig. übers. v. STRÖMER, Michael, Zirndorf 2002 [Original: H. Paul, United States of America, 2000].
[76] Vgl. WALTER, Joachim, Sexualität und geistige Behinderung, 2005, 31.

ihrer Gettoisierung unter meist sexualfeindlichem Normensystem. Durch diese Beeinträchtigung entsteht für Behinderte ein zusätzliches Handikap, sozusagen eine sekundäre soziale Behinderung,[...]"[77]

2.5.1 Familie

Die Problematik beginnt, sobald werdende Eltern erfahren, dass ihr Kind das Down Syndrom hat. Hier fängt es schon an, welche Erwartungen die Eltern von ihrem Kind haben, denn dies zeigt sich dann auch in dem Umgang mit dem Kind sowie in ihrer Entwicklung. Die Eltern sind die ersten Bezugspersonen eines jeden Kindes und ihr Verhalten und ihre Einstellung überträgt sich auf das Kind. Sie entscheiden auch über die Lebensgestaltung ihres Kindes. Der Ablösungsprozess stellt sich für viele Eltern als eine große Schwierigkeit dar und manche Eltern projizieren ihre Ängste auf ihr Kind. Somit binden sie ihr Kind stärker an sich und es kann soweit führen, dass die Kinder in eine Abhängigkeit von den Eltern geraten. Da sich einige Eltern nicht vorstellen können, dass ihr Kind jetzt erwachsen wird, raten sie ihrem Kind davon ab einen Freund oder eine Freundin zu haben. Hinter diesem Verbot steht, wie auch bei der Trennungsangst, eine Angst.[78] Speck deutet auf folgende Faktoren hin: Das Kind könnte Fragen zur Sexualität stellen, denen die Eltern aus dem Weg gehen. Es könnte die Gefahr bestehen, dass die Sexualität übertrieben wird, wenn das Kind Lust daran empfindet und es zu intensiv betreibt. Womöglich möchte der heranwachsende Jugendliche selbst ein Kind, oder aber es könnte sexuell missbraucht werden.[79] Wie schon oben im.Kapitel 2.4.1 bei den Entwicklungsstufen bei Kindern mit Down Syndrom besprochen, ist es trotz all der Angst, die man als Elternteil hat, wichtig, mit den Jugendlichen bzw. mit dem heranwachsenden Kind normal über die Dinge zu sprechen. Wenn man persönlich nicht in der Lage ist, wird geraten sich an eine Beratungsstelle zu wenden, die einem hier weiter hilft.

2.5.2 Heime und Betreuungseinrichtungen

Ein Großteil ihrer Zeit verbringen Kinder bzw. Menschen mit Down Syndrom in Einrichtungen, die speziell auf ihre Bedürfnisse abgestimmt sein sollten. Nur leider ist dies noch nicht ganz der Fall. Im Hinblick auf die Sexualität herrschen noch in sehr vielen Einrichtungen Zustände, die es nicht zulassen, dass Behinderte ihre Sexualität auch ausüben können. In manchen Heimen wird noch nach wie vor die Sexualität ausgeschlossen.

---

[77] Zit. WALTER, Joachim, Sexualität und geistige Behinderung, Heidelberg, 2005, 31.
[78] Vgl. WALTER, Joachim, Sexualität und geistige Behinderung, Heidelberg, 2005, 170ff.
Vgl. CLOKERS, Günther, Soziologie der Behinderten, Heidelberg, 2007, 282 – 296.
Vgl. WILKEN, Etta, Menschen mit Down Syndrom, Marburg, 2009, 37.
Vgl. SPECK, Otto, Menschen mit geistiger Behinderung, München, 2005, 300 – 321.
[79] Vgl. SPECK, Otto, Viele Eltern haben Angst, in: WALTER, J. (Hg.): Sexualität und geistige Behinderung. Gesellschaft für Sexualerziehung und Sexualmedizin , Band 1, Baden-Württemberg e.V. [5] 2002, S. 17-21.

Besonders der Mangel an privaten Räumlichkeiten in den Heimen, und die Regelung der Besuchszeiten führt in manchen Einrichtungen zu einer Einschränkung der Sexualität, bis hin zu einer Verhinderung. Unter dieser Betrachtung werden die Menschen in den Einrichtungen, die die Sexualität verhindern, in eine Rolle des *„verwalteten Objekts reglementierter Routinemaßnahmen.“*[80] gedrängt. Insbesondere sind es die institutionellen Rahmenbedingungen, die einen großen Einfluss auf die Sexualität sowie die sozialen Beziehungen von Menschen mit geistiger Behinderung bzw. mit Down Syndrom haben.[81] Um dies zu ändern, wäre es einfach auf die Bedürfnisse der dort lebenden Menschen zu achten und zu versuchen so gut es geht diesen Bedürfnissen auch nachzukommen. Bei dieser Problematik sollte sehr sowohl auch angemerkt werden, dass es problematisch werden kann, wenn geistig behinderte Menschen, besonders wenn sie das Down Syndrom haben, Kinder bekommen. Denn das hat auch Folgen und Konsequenzen für jeden Beteiligten.

2.5.3 Gesellschaftliche Einstellungen

Nach wie vor ist das Thema Sexualität und geistige Behinderung in der heutigen Gesellschaft nicht angekommen. Des Öfteren werden in der Literatur, wenn es um die Haltung der Gesellschaft zu diesem Thema geht, die drei Vorurteile von Walter herangezogen.

1. *„das unschuldige Kind“*. Es wird davon ausgegangen, dass Menschen mit geistiger Behinderung auf demselben Niveau eines Kindes bleiben. Für die Sexualität bedeutet das, dass sie einfach übergangen bzw. ignoriert wird. Eine aufschlussreiche Sexualaufklärung findet hier nicht statt.[82]

2. *„der Wüstling“*: Die Bezeichnung Wüstling drückt schon aus, was Walter damit sagen möchte. Hinter diesem Wort steht die Überzeugung, dass sie (die Behinderten) nicht in der Lage sind ihre Triebhaftigkeit unter Kontrolle zu halten und somit wird ihnen aberkannt, dass sie eine funktionierende personale Beziehung führen können. Aus diesem Grund wird die Sexualität nicht mit ihnen thematisiert.[83]

---

[80] Zit. WALTER, Joachim, Sexualität und geistige Behinderung, Heidelberg, 2005, 31.
[81] Vgl. Walter, Joachim, Sexualität und geistige Behinderung, Heidelberg, 2005, 30 -31.
Vgl. SPECK, Otto, Menschen mit geistiger Behinderung, Heidelberg, 2005, 322 -326.
Vgl. SPECK, Otto, Darf 's ein bisschen mehr sein? Sexualpädagogik in der Arbeit mit behinderten Menschen - Ein Überblick. in: Sexualität und Behinderung, BZgA Forum - Sexualaufklärung und Familienplanung, Heft 2/3, 2001, 5.
Vgl. WILKEN, Etta, Menschen mit Down Syndrom, Marburg, 2009, 243-245.
Vgl. CLOKERS, Günther, Soziologie der Behinderten, Heidelberg, 2007, 298-299.
[82] Vgl. WALTER, Joachim, Sexualität und geistige Behinderung, Heidelberg, 2005, 32.
Vgl. CLIGNON, Silvia, Ganz einfache Beziehung. Partnerschaft und Sexualität von Menschen mit geistiger Behinderung, Saarbrücken, 2008, 48 -49.
[83] Vgl. WALTER, Joachim, Sexualität und geistige Behinderung, Heidelberg, 32f.
Vgl. CLIGNON, Silvia, Ganz einfache Beziehung, Saarbrücken, 2008, 48 -49.

3. Die „klebrige Distanzlose". Sie (die Behinderten) können sich zum Teil nur sehr schwer sprachlich mitteilen. Aus diesem Grund bekommt die non-verbale Kommunikation einen großen Stellenwert. Nur wird das anschmiegen am anderen Menschen oder das streicheln, oft wenig bis fast gar nicht beachtet oder fehlinterpretiert von der Umgebung. Man schreibt ihnen dann schnell zu, sie seinen „distanzlos", „unbeherrscht" oder „triebhaft."[84] Eine einfache Lösung wäre es womöglich, dass die Gesellschaft mehr in Kontakt mit Menschen mit Down Syndrom oder geistiger Behinderung kommt, um Vorurteile abzubauen und aufeinander zuzugehen.

2.5.4 Finanzielle Situation

Die finanzielle Situation stellt auch ein ethisches Problem dar. Eine gängige Art die Sexualität auszuleben, ist für viele Menschen mit geistiger Behinderung der Besuch bei einer/m Prostituierte oder einem Begleitservice. Man muss dazu sagen, dass dies meistens nur von Männern genutzt wird. Nur da die finanzielle Situation von geistig Behinderten sehr knapp bemessen ist, ist der Spielraum nicht sehr groß, sodass sie diese Angebote nur sehr selten bis kaum nützen können.[85] Im Zuge dessen stellt sich auch die Frage, ob es ethisch überhaupt vertretbar ist, mangels Alternativen eine Prostituierte oder einen Begleitservice aufzusuchen.

Nachdem nun einige Problemfelder im Zusammenhang mit Sexualität bei Menschen mit Down Syndrom bzw. geistiger Behinderung behandelt wurden, wird im folgenden Kapitel der Frage nachgegangen, wie die Ethik zur Sexualität bei Menschen mit Down Syndrom bzw. geistiger Behinderung steht und in weiterer Folge, welche Sichtweise die katholische Kirche dazu vertritt.

3. Sichtweisen Sexualität bei geistiger Behinderung mit Down Syndrom

3.1. Sicht der Ethik

Ethik kommt von dem griechischen Wort „ta ethika" und bedeutet „die Sittenlehre" und gehört zur praktischen Philosophie. Der Philosoph Aristoteles (384-322 v. Chr.) hat als Erster eine umfassende Schrift über die Ethik verfasst – „Die Nikomachische Ethik". In der

---

[84] Vgl. WALTER, Joachim, Sexualität und geistige Behinderung, Heidelberg, 33. Vgl. CLIGNON, Silvia, Ganz einfache Beziehung, Saarbrücken, 2008, 48 -49.
[85] Vgl. MATTNER, Dieter, Behinderte Menschen in der Gesellschaft - Zwischen Ausgrenzung und Integration. Stuttgart 2000, 16f.

Nikomachischen Ethik geht es Aristoteles darum, eine Hilfestellung zugeben, wie man ein gutes und glückliches Leben als Mensch führen kann.[86] Seine Ethik gilt bis heute einer der wichtigsten Schriften für die Ethik.[87] Vor Aristoteles hat auch Platon (ca. 428 -347 v. Chr.) sich Gedanken zu einer Ethik gemacht, aber diese wurden von ihm nicht wirklich ausgereift.[88] Die Ethik fragt nicht, was die Menschen tatsächlich tun. Im Gegenteil fragt sie nach *„der richtigen Entscheidung oder dem richtigen Handeln, und eine richtige Entscheidung ist eine Entscheidung, die gerechtfertigt oder verantwortet werden kann."*[89]

Im Zentrum der philosophischen Ethik steht die Frage nach einem guten und gerechten Leben sowie der Verantwortung der Mitmenschlichkeit und die Frage nach der Gerechtigkeit im Mittelpunkt. Wenn man auf die ursprüngliche Bedeutung der Ethik zurückgeht, dann entspricht das dem, was man heute unter den Begriff der Moral versteht. Im Bezug auf das Zusammenleben von Mensch ist die Moral ein sehr wichtiges Element. Denn sie (die Moral) stellt Reglen der Haltung auf, gibt Maßstäbe an Werten vor und bereitet Sinnesvorstellungen und somit bindet die Moral die Individuen an sich. Aus dem heraus ergibt sich, dass die Moral eine orientierende sowie eine verbindliche Funktion hat. Sie basiert auf der Grundlage auf der Unterscheidung zwischen gut und schlecht bzw. zwischen gut und böse. Im Gegensatz zur Moral, die aufgrund ihrer Verflochtenheit mit einer spezifischen Lebensform, einer Kultur oder Geschichte ist, wirft die Ethik einen fragenden, kritischen Blick auf die Moral. Ethik kann nur dadurch entstehen, wenn die Moral zu einem Gegenstand der Reflexion wird. Das passiert dann, wenn explizite Vorstellungen der Moral oder Regeln der Moral fragwürdig werden. Wie schon gesagt, ist die Ethik eine philosophische Disziplin und sie befasst sich mit den Normen des menschlichen Handelns sowie mit argumentativer Rechtfertigung.[90] Nach dieser Ansicht nach, ist die Ethik wie Steinvorth es formuliert hat, die *„Theorie der Moral, die die Regeln der Moral zu formulieren, allgemeinverbindliche von nicht allgemeinverbindlichen Regeln zu unterscheiden und die allgemeinverbindlichen Regeln zu rechtfertigen und zu begründen sucht."*[91]

---

[86] Vgl. WOLF, Ursula, Aristoteles Nikomachische Ethik, Hamburg [3] 2011,12.
[87] Vgl. SCHISCHKOFF, Georgi (Hg.), Philosophisches Wörterbuch, Stuttgart, 1991, 185 – 187; 521.
Vgl. MARSCHÜTZ, Gerhard, theologisch ethisch nachdenken, Würzburg, 2009, 9.
Vgl.RICKEN, Friedo, Allgemeine Ethik, Stuttgart [4] 2003, 13.
Vgl. WOLF, Ursula, Aristoteles Nikomachische Ethik, Hamburg [3] 2011,7-21.
[88] Vgl. MARSCHÜTZ, Gerhard, theologisch ethisch nachdenken, Würzburg, 2009, 9.
[89] Zit. RICKEN, Friedo, Allgemeine Ethik, Stuttgart [4] 2003, 13
[90] Vgl. DEDERICH, Markus, Ethische Fragen der Geistigbehindertenpädagogik, 60 – 82. in: FISCHER, Erhard, (Hg.), Pädagogik für Menschen mit geistiger Behinderung. Sichtweisen, Theorien, aktuelle Herausforderungen, Oberhausen 2003.
Vgl. MARSCHÜTZ, Gerhard, theologisch ethisch nachdenken,Band I : Grundlage, Würzburg, 2009, 9-12.
[91] Zit. STEINVORTH, Ulrich, Klassische und moderne Ethik. Grundlinien einer materialen Moraltheorie. Reinbek bei Hamburg: Rowohlt, 1990, 207.

Daraus lässt sich schließen, dass die Moral der Ethik vorausgeht. Aus diesem Grund kann es zwar *„keine Ethik ohne Moral, wohl aber Moral ohne Ethik geben"*[92] Höffe umschreibt die Aufgabe der Ethik wie folgt:

> *„Dort, wo überkommene Lebensweisheiten und Institutionen ihre selbstverständliche Geltung verlieren, sucht die philosophische Ethik, von der Idee eines sinnvollen menschlichen Lebens geleitet, auf methodischem Weg und ohne letzte Berufung auf politische oder religiöse Autoritäten oder auf das von alters her Gewohnte und Bewährte, allgemein gültige Aussagen über das gute und gerechte Handeln."*[93]

Es ist in der Ethik keine eindeutige Grenze zwischen „gut" und „böse", zwischen einem „sinnvollen" bzw. „gelungenen" Leben zu ziehen.[94]

Wie im Text weiter oben kurz angedeutet, steht in der Ethik unter anderem die Gerechtigkeit im Mittelpunkt.[95] Sie fragt nach den *„Normen und den Prinzipien des menschlichen Zusammenlebens."*[96] Die Frage nach den Normen und den Prinzipien des menschlichen Zusammenlebens spielt für die Ethik der Geistigbehindertenpädagogik eine zentrale Rolle. Geschichtlich wurde 1988 im Buch „Ethik in der Sonderpädagogik" von Blickenstorfer zum ersten Mal von einer Ethik in der Behindertenpädagogik gesprochen. Ab diesem Zeitpunkt wurde gefragt, was sittlich gut für Behinderte ist? Die Ethik der Behindertenpädagogik fragt nach *der Legitimierbarkeit von Prinzipien und Formen des (pädagogischen) Umgangs mit Behinderten.*[97] Das geschieht durch zwei Aspekte, dem individualethischen und dem Sozialethischen. Unter dem individualethischen Aspekt wird die Menschenwürde verstanden und unter dem sozialethischen Aspekt *die Rechtfertigung von Hilfen bei der schulischen/gesellschaftlichen Umsetzung verstanden sowie die Leitbildern der Gerechtigkeit und Normalisierung.*[98]

Nach Stolk lassen sich drei Zugänge erkennen, die für Ethik der Geistigbehindertenpädagogik sehr zentral und wichtig sind.[99]

> *„Erstens: Rechte (etwa die Menschenrechte), zweitens: moralische Verpflichtungen gegenüber Menschen mit geistiger Behinderung und drittens: Motive aus der (pädagogischen) Anthropologie, die so gefasst werden, dass die auch für Menschen mit geistiger Behinderung Gültigkeit haben."*[100]

---

[92] Zit. DEDERICH, Markus, Ethische Fragen der Geistigbehindertenpädagogik, 60. in: FISCHER, Erhard, (Hg.), Pädagogik für Menschen mit geistiger Behinderung. Sichtweisen, Theorien, aktuelle Herausforderungen, Oberhausen 2003.

[93] Zit. Höffe, Otfried, Lexikon der Ethik, München ⁴ 1992, 61 f.

[94] Vgl. DEDERICH, Markus, Ethische Fragen der Geistigbehindertenpädagogik, 63. in: FISCHER, Erhard, (Hg.), Pädagogik für Menschen mit geistiger Behinderung, Oberhausen 2003.

[95] Vgl. ebd. 63.

[96] Zit. DEDERICH, Markus, Ethische Aspekte, 550. in: WÜLLENWEBER, Ernt/THEUNISSEN, Georg/MÜHL, Heinz, (Hg.), Pädagogik bei geistigen Behinderten. Ein Handbuch für Studium und Praxis, Stuttgart, 2006.

[97] Zit. ANTOR, Georg/BLEIDICK, Urlich (Hg.), Handlexikon der Behindertenpädagogik, Stuttgart, 2001, 158.

[98] Vgl. ANTOR, Georg/BLEIDICK, Urlich (Hg.), Handlexikon der Behindertenpädagogik, Stuttgart, 2001, 158 – 161.

[99] Vgl. DEDERICH, Markus, Ethische Aspekte, 550. in: WÜLLENWEBER, Ernt/THEUNISSEN, Georg/MÜHL, Heinz, (Hg.), Pädagogik bei geistigen Behinderten, Stuttgart, 2006.

Die philosophische Ethik spiegelt sich manchmal wieder in der Ethik der Behindertenpädagogik. Z. B. wird des Öfteren auf die kantische Ethik; Ethik von Spinoza oder die Verantwortungsethik von Levians zurückgegriffen. Im Zuge dessen werden nun bekannte Philosophen im 20. Jahrhundert betrachtet und dessen Schriften bzw. deren Aussagen über Behinderung miteinander verglichen.

Marta Nussbaum geht davon aus, *dass geistig behinderte Menschen und die mit einer schweren Beeinträchtigung alle Bürgerrechte genießen.*[101]

„Jede anständige Gesellschaft muss ihr Bedürfnis für Fürsorge, Bildung, Selbstgefühl, Mithandeln und Freundschaft zu beantworten versuchen."[102]

Der Philosoph Peter Singer und Pflichtethiker Tristram H. Engelhardt haben das moralische Subjekt auf „Personen" herabgesetzt. Besonders für Peter Singer gelten Embryonen, Säuglinge und Kleinkinder jedoch nicht als Personen. Ebenso fallen für Singer diejenigen aus der Kategorie Person, die älter werden, oder durch Unfälle oder schwere Krankheiten stark beeinträchtigt sind.

> *„Der moralische Fundamentalbegriff ist nicht der „Mensch" und eine entsprechende Gattungszugehörigkeit, sondern der einer Person im strikten Sinne. Nicht alle Menschen sind Personen und möglicherweise sind auch nicht alle Personen Menschen."*[103]

Dieses Zitat beschreibt sehr gut die Thematik aus der Sicht von Singer und Engelhart.

Tadashi Otsuru ist ein japanischer Philosoph und spastisch gelähmt. Er selbst benennt sich als „Philosoph des Andersseins". Er gab im Hinblick auf Behinderung eine philosophische Bedeutung.

> *„Der behinderte Mensch wird nicht an seinen Leistungsdefiziten gegenüber dem nichtbehinderten Menschen gemessen und angehalten, diese auszugleichen, also möglichst gut zu funktionieren. Vielmehr bietet seine Gegenwart den anderen und ihm selbst die Möglichkeit der ‚Übung, deren Ziel es ist, Anderssein auszuhalten und zu verstehen, wobei das Anderssein nie weggewischt, sondern gerade als Anderssein getragen wird – als dasjenige, das notwenige zu dem Ganzen gehört."*[104]

Nach Nussbaum, Singer, Engelhart und Tadashi kann gesagt werden, dass jeder dieser Philosophen seine eigene Ethik im Bezug zum Thema Ethik und Behinderung vertritt.

---

[100] Zit. DEDERICH, Markus, Ethische Aspekte, 550. in: WÜLLENWEBER, Ernt/THEUNISSEN, Georg/MÜHL, Heinz, (Hg.), Pädagogik bei geistigen Behinderten, Stuttgart, 2006.

[101] Vgl. MIETH, Dietmar, Der behinderte Mensch aus theologischer – ethischer Sicht, 115, in: EURICH Johannes/LOB-HÜNDEPOHL, Andreas (Hg.), Inklusive Kirche, Behinderung – Theologie- Kirche, Stuttgart, 2011.

[102] Zit. ebd.

[103] Zit. STEIGLEDER, Klaus, Die Abenteuer der Bioethik - Ein kritischer Vergleich der Ethikkonzeptionen H. Tristram Engelhardts und Peter Singers, 8 in: J.-P. WILS (Hg.), Streitfall Euthanasie. Singer und der 'Verlust des Menschlichen',Tübingen 1991, 17-27 (Sondernummer der Zeitschrift „Ethik und Unterricht"). URL: http://www.ruhr-uni-bochum.de/philosophy/angewandte_ethik/downloads.html.de (Stand: 27.07.2012).

[104] Zit. MIETH, Dietmar, Der behinderte Mensch aus theologischer – ethischer Sicht, 116, in: EURICH Johannes/LOB-HÜNDEPOHL, Andreas (Hg.), Inklusive Kirche, Behinderung – Theologie- Kirche, Stuttgart, 2011.

Lainer Stephanie

Im Bezug auf meine Forschungsfrage wie die Ethik zu der Thematik steht, ob Menschen mit geistiger Behinderung bzw. mit Down Syndrom ein Recht auf Sexualität haben, hat Waldemar Molinski versucht in seinem Essay „Bemerkungen zur ethischen Dimension der Sexualität und Partnerschaft bei Menschen mit Geistiger Behinderung" darzustellen, wie die Ethik aus seiner Sicht zu dieser Thematik stehen soll. Er zeigte sexualethische Konsequenzen in seinem Essay auf.[105]

Die Geistigbehindertenpädagogik ist eine zutiefst ambivalente Institution. Mit Blick auf die hier angeführte Thematik wird es auch in Zukunft die Aufgabe der geistigen Behindertenpädagogik sein, *ihre kritisch-reflexive und politische Dimension deutlicher als bisher herauszuarbeiten und sich für die geistig gesellschaftliche Teilhabe von Menschen mit Behinderungen und eine Kultur der Vielfalt einzusetzen.*[106]

3.2. Sicht der römisch katholischen Kirche

Wenn man in der Bibel im Alten Testament Stellen zum Thema Behinderung sucht, wird erkennt, dass sich ganz unterschiedliche theologische Deutungen von Behinderung finden lassen. In manchen Stellen der Bibel wird die Behinderung, sei es jetzt körperliche oder geistige, als eine Strafe Gottes angesehen. Weil man z.B. die Gebote Gottes nicht eingehalten hat und durch die Krankheit nun Gottes Zorn am eigenen Leib erfährt (und sogar über Generation hinaus erfährt) bis hin zum Neuen Testament als Strafe Gottes (siehe 2 Kön 5, 27; 1 Kön 17,18 und Joh 9,1 -3.).[107] Jeremy Schipper hat aber festgestellt, dass an der Stelle von 2 Sam 9,3-15 deutlich wird, dass eine Behinderung auch nur die Folge eines tragischen Unfalls sein kann.[108] Eine andere Position von Oemig ist jene, dass Gott behinderte Menschen mit einer großen Aufgabe anvertraut (siehe Ex 4,10 und Jes 53,2-5.).[109] Die Heilsgeschichten von Jesus im Neuen Testament, im Bezug auf die Behinderten ist ein unüberhörbares Vermächtnis der Bibel an uns Christen bzw. an die Kirche von heute. Denn in den Gleichnissen von Jesus

---

[105] Vgl. WALDEMAR, Molinski, Bemerkungen zur ethischen Dimension der Sexualität und Partnerschaft Geistigbehinderter, 87-100 in: WALTER, Joachim, Sexualität und geistige Behinderung, Band I, Heidelberg [6] 2005.

[106] Zit. DEDERICH, Markus, Ethische Aspekte, 555f. in: WÜLLENWEBER, Ernt/THEUNISSEN, Georg/MÜHL, Heinz, (Hg.), Pädagogik bei geistigen Behinderten, Stuttgart, 2006.

[107] Vgl. OEMING, Manfred, "Auge wurde ich dem Blinden, und Fuß dem Lahmen war ich!"(Hi 29,15). Zum theologischen Umgang mit Behinderung im Alten Testament.81-101. In: EURICH Johannes/LOB-HÜNDEPOHL, Andreas (Hg.), Inklusive Kirche, Behinderung – Theologie- Kirche, Stuttgart, 2011.

[108] SCHIPPER, Jeremy, Disabilitiy Studies and the Hebrew Bible. Figuring Mephibosheth in the David Story (Library of Hebrew Bibel/Old Testament Studies 441), New York/London, 2006.

[109] Vgl. OEMING, Manfred, "Auge wurde ich dem Blinden, und Fuß dem Lahmen war ich!"(Hi 29,15). Zum theologischen Umgang mit Behinderung im Alten Testament. 92 -93 In: EURICH Johannes/LOB-HÜNDEPOHL, Andreas (Hg.), Inklusive Kirche, Behinderung – Theologie- Kirche, Stuttgart, 2011.

wird keiner überhört, übersehen oder übergangen.[110] Das Thema Sexualität wird im Alten Testament umschreibend behandelt und im Groben wird eine positive Seite der Sexualität als eine Gabe Gottes gesehen. In den Textstellen im Alten Testament zeigen sich unterschiedliche Schwerpunkte zur Sexualität. Z.B. in der Weisheitsliteratur wird von einer wertschätzenden ehelichen Liebe gesprochen (Spr 5,18f oder Koh 9,9.). Aber sie warnt auch vor „fremden" Frauen (Spr. 7,15-27.). In den Rechtstexten des Alten Testamentes ist Sexualität im Zusammenhang mit Ehe und Familienrecht zu finden (Ex 20,14.17; Dtn 5,18.21.).[111] Im Neuen Testament wird in Bezug auf Sexualität die Freizügigkeit des Mannes eingeschränkt (z.B. 1 Kor 6,12-20; 1 Kor 6,9.). Der Frau wird im Neuen Testament bezüglich Sexualität/ehelichen Geschlechtsverkehr ein gleichberechtigter Anteil zugeschrieben (z.B. 1 Kor 7,3f.). Im Neuen Testament gehört die Ehe zur Schöpfungsordnung. [112]

Es ist deutlich, dass auch die Bibel in der vorliegenden Thematik Recht auf Sexualität bei Menschen mit geistiger Behinderung, keine eindeutige Antwort gibt.

Wenn man versucht eine kirchenamtliche Lehrmeinung zu finden, die die Sexualität bei geistig behinderten Menschen behandelt, dann findet man einige Enzyklika wie die Arcanum Diviane Sapientiae von Leo XII, die Enzyklika Casi Donnubi von Pius XI, die Enzyklika Humane Vitae von Paul VI und das apostolische schreiben Familaris Consrtio von Johannes Paul II, die über die Sexualität in der Ehe an sich schreiben. Zur Sexualität in der Ehe bzw. über das Sakrament der Ehe im Generellen hat auch der Codex des kanonischen Rechtes einen eigenen Teil (Titel VII Ehe cc.1055 – 1165). Anuth Bernhard Sven ist ein wissenschaftlicher Mitarbeiter am kirchlichen Seminar der Katholischen- Theologischen Fakultät der Universität in Bonn und hat versucht, auf die Frage, ob Menschen mit geistiger Behinderung heiraten dürfen, eine Antwort zu geben. In seinem Essay versuchte er zuerst, den Begriff geistige Behinderung zu definieren. Er ist zu dem Entschluss gekommen, dass es keine eindeutige wissenschaftliche Bezeichnung für den Begriff geistige Behinderung existiert. Weiters klärt er in seinem Aufsatz, wie es sich mit der Ehefähigkeit und dem Ehewunsch von geistig behinderten Menschen verhält. Er macht hier eine Stufung zwischen leichter geistiger Behinderung und schwerer geistiger Behinderung. Das Kirchenrecht besagt: „Alle können die Ehe schließen, die rechtlich nicht daran gehindert werden" (c. 1058). Dies

---

[110] Vgl. KLIESCH, Klaus, Blinde sehen, Lahme gehen. Der heilende Jesus und seine Wirkungsgeschichte, 101 – 112, in: EURICH Johannes/LOB-HÜNDEPOHL, Andreas (Hg.), Inklusive Kirche, Behinderung – Theologie-Kirche, Stuttgart, 2011.
[111] Vgl. KOGLER, Franz (Hg.), Art.: Sexualität , in: Herders neues Bibel Lexikon, Freiburg, 2008, 690 -691.
[112] Ebd.

entspricht auch dem Naturrecht und soll für alle Menschen gelten. Wenn zwei Menschen mit einer geistigen Behinderung oder auch ohne Behinderung kirchlich heiraten möchten, muss nach dem CIC 1066 geprüft werden, ob sie fähig sind, eine Ehe einzugehen. Wenn dem nichts im Wege steht, dann dürfen die Brautleute nach dem kirchlichen Recht auch heiraten. Der CIC legt fest, nach welchen Gründen keine Ehe eingegangen werden darf.[113] Wenn man diese Ehehindernisse bzw. Eheverbote prüft, dann dürfen nach dem CIC Menschen mit geistiger Behinderung eine Ehe eingehen. Und da die Ehe im kirchenrechtlichen Sinn im engen Zusammenhang mit dem Recht auf Ausübung der Sexualität steht, kann man somit annehmen, dass auch Menschen mit geistiger Behinderung ein Recht auf Sexualität haben. In diesem Fall gibt es keine Unterschiede von Menschen mit geistiger Behinderung oder ohne Behinderung. Nach dem katholischen Kirchenrecht und der kirchlichen Ehelehre ist eine katholische Ehe mit dem „Ja-Wort" rechtskräftig.(c.1057 § 1). Im Bezug auf das „Ja-Wort" gibt es im CIC keine eigene Regelung über den Ehekonsens von Menschen mit geistiger Behinderung.

Wenn man jedoch cc.1095 liest, dann verschafft dies jedoch den Eindruck, dass Menschen mit geistiger Behinderung nicht heiraten dürfen. Denn cc 1095 besagt, dass jene unfähig sind, eine Ehe zu schließen,

> „1° die keinen hinreichenden Vernunftgebrauch haben;
> 2° die an einem schweren Mangel des Urteilsvermögens leiden hinsichtlich der wesentlichen ehelichen Rechte und Pflichten, die gegenseitig zu übertragen und zu übernehmen sind;
> 3° die aus Gründen der psychischen Beschaffenheit wesentliche Verpflichtungen der Ehe zu übernehmen nicht imstande sind."[114]

Anuth weist darauf hin, dass man vorsichtig mit einer pauschalen Vermutung sein sollte, dass Menschen mit geistiger Behinderung aufgrund des cc.1095 nicht heiraten dürfen. In sehr vielen Fällen kann erst im Nachhinein festgestellt werden, ob der Paragraf im cc 1095 auf den jeweiligen Menschen zutrifft.[115] Nach Anuth sind Menschen mit einer leichten oder mittleren geistigen Behinderung sehr wohl fähig eine Ehe einzugehen. Denn sie können das notwendige Mindestwissen über eine Ehe erwerben, so wie es der CIC vorsieht.

Wenn man geschichtlich auf das Thema im christlichen Kontext zurückblickt, dann ist diese Thematik bis in das erste Drittel des 20. Jahrhunderts, von der offiziellen kirchlichen

---

[113] Die Ehehindernisse befinden sich im cc. 1083 -1094 und im c. 1071 werden Trauungshindernisse genannt. Im cc.1077, 1091 § 4, 1124 und 1684 § 1 die Eheverbote und im cc. 1095 – 1107 werden die Konsensdefekte geregelt.
[114] Zit. Codex Iuris Canonici Codex des kanonischen Rechtes, Kapitel IV, Ehekonsens, Can. 1095, 485.
[115] Vgl. ANUTH, Bernhard Sven, Lieben ja, aber heiraten? Kirchliche Eheschließung von Menschen mit geistiger Behinderung, Bonn, 2009, 29- 43. URL: http://www.haushall.de/contenido/cms/upload/pdf/Publikationen/Hinweise/Anuth_Lieben_ja_...pdf (Stand: 10.07.2012).

Argumentation, negativ besetzt. Zum Glück hat sich das kirchliche Bild, dass man behinderte Menschen (seien diese jetzt körperlich oder geistig behindert), eliminieren und sterilisieren soll, wie es in den 1930er Jahren der Fall war, grundlegend verändert.[116]

Papst Johannes Paul II hatte in einer Ansprache, die er 1999 bei dem Kongress für „Familien und Integration von Behinderten im Kinder- und Jugendalter" hielt, Folgendes gesagt:

> *„Jede Person ist Subjekt von grundlegenden Rechten, die unveräußerlich, unverletzlich und unteilbar sind. Jede Person: also auch der Behinderte, der gerade aufgrund seiner Behinderung größere Schwierigkeiten bei der konkreten Ausübung dieser Rechte begegnen kann. Deshalb darf er nicht alleingelassen werden, sondern muss von der Gesellschaft aufgenommen werden und je nach Möglichkeit – als vollwertiges Mitglied in sie integriert werden."[117]*

Er hat versucht die behinderten Menschen zu ermutigen, dass sie in ihrem Leben eine Hauptrolle einnehmen sollen. Weiters führte er an: *"Nur wenn die Rechte der Schwachen anerkannt werden, kann eine Gesellschaft von sich behaupten, auf Gerechtigkeit und Recht gegründet zu sein."[118]*

In Bezug auf die Eheschließung von Menschen mit geistiger Behinderung bedeutet dies, dass darin eine Grunddimension menschlicher Existenz zum Ausdruck kommt.

Anuth führt zum Schluss in seinem Essay an, dass Menschen mit geistiger Behinderung, die vorhaben kirchlich zu heiraten, darin unterstützt werden sollen. Im cc. 1063 werden Seelsorger dazu verpflichtet, den Brautleuten bei der Vorbereitung, als auch in der Ehe zu begleiten und den notwendigen Beistand zu leisten. Anuth führt an, dass sich aus dieser Pflicht im Hinblick auf Menschen mit geistiger Behinderung eine spezifische Verantwortung ergibt.[119]

Abschließend sei an dieser Stelle noch eine offizielle Stellungnahme vom Heiligen Stuhl zum Thema Sexualität und geistige Behinderung angeführt. Im Abschlussbericht des Kongresses zum Thema: "Familie und Integration -Behinderter im Kindes- und Jugendalter" wurde folgendes zum Thema Beziehungsfähigkeit und Sexualität geistig behinderter Menschen festgehalten:

---

[116] Vgl. LOB- HÜDEPOHL, Andreas, Sexualität und Behinderung, 339 – 341 in: HILPERT, Konrad, (Hg.) Zukunftshorizonte Katholischer Sexualethik, Stuttgart, 2011.
[117] Zit. ANUTH, Bernhard Sven, Lieben ja, aber heiraten? Kirchliche Eheschließung von Menschen mit geistiger Behinderung, Bonn, 2009, 41.
[118] Zit. URL: http://www.vatican.va/holy_father/john_paul_ii/speeches/2004/january/documents/hf_jp-ii_spe_20040108_handicap-mentale_ge.html erschienen am 5.Janura 2004 von Papst Johannes Paul II.(Stand: 10.07.2012).
[119] Vgl. ANUTH, Bernhard Sven, Lieben ja, aber heiraten? Kirchliche Eheschließung von Menschen mit geistiger Behinderung, Bonn, 2009, 33 - 34. URL: http://www.haushall.de/contenido/cms/upload/pdf/Publikationen/Hinweise/Anuth_Lieben_ja_...pdf (Stand: 10.07.2012).

„Ein weiterer positiver Punkt, den die Wissenschaften liefern, die sich mit geistig behinderten Menschen auseinandersetzen, ist die Tatsache, daß es für diese Menschen nicht unmöglich ist, wirklich die Fähigkeit entfalten zu können, zu lieben und auch Sexualverkehr zu haben, was in ihrer grundsätzlicher Beziehungsfähigkeit gegründet ist. Diesbezüglich hat sich heutzutage die Mentalität geändert. Man anerkennt heute, daß das behinderte Kind auch die Anlagen zum Leben einer Beziehung besitzt, und diese Anlagen müssen in dem Maß gefördert werden, in dem es der Grad der Behinderung, die Möglichkeit der eigenen Persönlichkeitsentfaltung und die durch die Behinderung auferlegten Grenzen der Freiheit zulassen. Die Erziehung zum Beziehungsleben und zur Sexualität muß bei geistig Behinderten schon sehr früh beginnen, da sie das Kennenlernen des eigenen Körpers mit einbezieht. Folglich müssen auch die Antworten auf ihre speziellen Fragen zu diesem Thema pädagogisch durchdacht und der intellektuellen Fassungskraft des einzelnen angepasst sein. Es ist wichtig, diesen Kindern zu vermitteln, wie sie ihr Verhalten disziplinieren können, damit sie befähigt werden, eine verantwortungsvolle Auswahl zu treffen. Aber ebenso wichtig ist es auch für die Eltern, daß sie ihren behinderten Kindern zuzuhören vermögen, um ihnen so die Möglichkeit zu geben, ihrem Wunsch nach einer Freundschafts- oder Liebesbeziehung Ausdruck zu verleihen. Natürlich ist es auch klar, daß man sie über ihre eigenen und wirklichen Grenzen informieren muß, die ihnen ihre mehr oder weniger schwere Behinderung für eine eventuelle Heiratsabsicht auferlegt. Würde man diese Menschen, die oftmals nicht in der Lage sind, einen echten durchdachten Konsens zu leisten, zur Verhütung oder zur Pflichtsterilisation bzw. – schlimmer noch – zur Abtreibung nötigen, so würde dies eine nicht nur der Ethik zuwiderlaufende Praxis darstellen, sondern es könnte deren psychische Entwicklung beeinträchtigen."[120]

Dieser Abschnitt des Abschlussberichtes macht deutlich, dass sich die katholische Kirche sehr wohl Gedanken zu dem Thema Sexualität und geistige Behinderung macht und dass die Sexualerziehung schon in der Kindeserziehung anfangen soll.

4 Vergleichende Betrachtung – der behinderte Mensch aus ethischer und katholisch-theologischer Sicht

Die Meinungen aus der ethischen Sicht driften teils sehr weit auseinander. Zum einem findet sich in der philosophischen Ethik die Ansicht, dass auch geistig behinderte Menschen alle Bürgerrechte besitzen, und die Gesellschaft dies auch berücksichtigen sollte (siehe Marta Nussbaum). Die Behinderung sollte auch als Chance gesehen werden, das Anderssein auszuhalten und zu verstehen. Der Mensch sollte nicht als funktionierend (nicht behindert) oder als nicht gut funktionierend (behindert) klassifiziert werden (siehe Tadashi Osuru). Andererseits gibt es die in die andere Richtung weisende Ansicht, dass Menschen mit körperlicher oder geistiger Behinderung gar nicht als Menschen betrachtet werden (siehe Peter Singer). Eine einheitliche Antwort darauf, ob die Ethik das Recht auf Sexualität für geistig behinderte Menschen bejaht, stellt sich als schwierig heraus. In dieser Hinsicht hat die katholische Ethik den Vorteil, dass es eine zentrale Stelle gibt, die die offizielle Stellung zu

---

[120] Zit.URL:
http://www.vatican.va/roman_curia/pontifical_councils/family/documents/rc_pc_family_doc_20000304_integrat ion-disabled_ge.html (Stand: 27.07.2012).

diesem Thema einnimmt – der Papst bzw. der Heilige Stuhl. Unabhängig davon, dass einzelne Vertreter der katholischen Kirche vielleicht anderer Meinung sind.

Eine theologische – ethische Beurteilung im Bezug Sexualität und Behinderung ist mit vielen Problemkreisen verbunden. Wie schon im 3. Kapitel unter Punkt 3.2. angesprochen, findet die Bibel keine eindeutige Antwort auf viele heutige ethische Probleme. Sicher muss eingeräumt werden, dass in der theologischen Ethik die jüdisch-christliche Grundorientierung des Lebens *„Liebe deinen Nächsten wie dich selbst"* *(vgl. 3 Mose 19,18; Lk 10,27;Mt 22,39; Mk12,31;Lev 19,18)* eine wichtige Orientierung spielt. [121]

Geschichtlich betrachtet hatte die katholische Kirche bis in die Mitte des 20. Jahrhunderts bezüglich der Sexualität von geistig behinderten Menschen falsche Schritte gesetzt (siehe Einstellungen der katholischen Kirche der 1930er Jahren). Wenn man aber den Abschnitt des Abschlussberichtes des Heiligen Stuhls „Familie und Integration Behinderter im Kindes- und Jugendalter" betrachtet, lässt sich erkennen, dass die katholische Kirche auf einem neuen Weg ist. [122]

Das Problem besteht jedoch noch in der praktischen Umsetzung. Denn Fütterer führt in seinem Essay „Ethische und theologische Überlegungen zur Sexualität bei Menschen mit geistiger Behinderung" an, dass die Behinderteneinrichtungen, die christlich geprägt sind, noch ihre Schwierigkeit haben bzw. hatten, aus der Einstellung Barmherzigkeit und hierarchischer Bevormundung herauszufinden. Auch sollen sie den Menschen mit geistiger Behinderung auf der Ebene der Gerechtigkeit und Selbstbestimmung sehen. Denn Fütterer findet, dass genau diese Ebene der Nährboden für Sexualethik und Sexualpädagogik ist und als Maßstab sollte man „Suum cuique", d.h. jedem das Seine, verwenden. [123]

Dieser Satz kann auch eine Chance für die theologische Ethik sein, besonders im Hinblick auf das Thema Sexualität bei geistig behinderten Menschen. Aber man muss sagen, dass die theologische Ethik auf dem Weg zur Wahrheit ist und sie sollte nicht versuchen, einen Anspruch auf eine normative Instanz zu heben. Die Versäumnisse und Fehler aus der kirchlichen Vergangenheit sollten den Theologen daran erinnern, dass sie sich zur Bescheidenheit besinnen sollen. Fütterer findet, dass nicht die Theologen oder die kirchlichen

---

[121] Vgl. FÜTTERER, Klaus/SIEGEL, Hansjörg, Ethische und theologische Überlegungen zur Sexualität bei Menschen mit geistiger Behinderung, 78, in : Walter, Joachim (Hg.), Sexualität und geistige Behinderung, Band I, Heidelberg [6] 2006.
[122] Vgl. URL:
http://www.vatican.va/roman_curia/pontifical_councils/family/documents/rc_pc_family_doc_20000304_integrat
ion-disabled_ge.html (Stand: 27.07.2012).
[123] Vgl. FÜTTERER, Klaus/SIEGEL, Hansjörg, Ethische und theologische Überlegungen zur Sexualität bei Menschen mit geistiger Behinderung. 78- 79.

Einrichtungen, sondern vor allem die Humanwissenschaftler und liberal-humanistisch geprägte Menschen dazu beitrugen, dass die Emanzipation geistig Behinderten vorangetrieben wurde.[124] *„Das der Mensch dem Mensch das ihm Zustehende gebe – hierauf ist alle gerechte Ordnung in der Welt gegründet. Und alles Unrecht, andererseits, bedeutet, dass dem Menschen das Seine vorenthalten oder genommen wird [...] durch den Menschen"[125]*

Wenn man die Schriften von Tadahi liest, dann ist dies aus meiner Sicht die Geeignetste, nach der sich die ethische und die katholisch christliche Ethik zu diesem Thema orientieren sollte. Vor allem in Bezug zur offiziellen kirchlichen Stellungnahme des Heiligen Stuhles und des Papstes (siehe Seite 29 und 30), wären die Schriften von Tadahi jene, die beide Seiten zusammenführen könnte.

5. Conclusio

Zum Ausgangspunkt meiner Forschungsfrage

Was ist die Sichtweise der katholischen Kirche und der Ethik im Bezug auf Sexualität für Menschen mit Down Syndrom/geistiger Behinderung?

Haben Menschen mit einer geistigen Behinderung im speziellen mit dem Down Syndrom ein Recht auf die Sexualität?

lässt sich, was die rechtlicher Situation betrifft, diese Frage mit einem Ja beantworten. Denn wenn man nach der WHO (World Health Organistion) und der UN-Konvention geht, haben Menschen mit einer geistigen Behinderung, auch mit Down Syndrom, ein Recht auf Sexualität und sollen und dürfen diese auch ausleben. Nur ist es eine Sache ein Recht zu formulieren, aber eine andere diese Rechte auch umzusetzen. Vor allem wenn man sich die Problemfelder, die in dieser Arbeit auch angeführt wurden, vor Augen hält. Es scheint so, dass es gar nicht so leicht ist, dieses Recht auch wirklich für Menschen mit einer geistigen Behinderung umzusetzen und dafür auch einen geeigneten Rahmen zu schaffen, sei dies jetzt zu Hause oder in einer Behinderteneinrichtung. Auch die Ethik geht hier mit ihren Meinungen zum Thema auseinander. Martha Nussbaum ist der Meinung, dass Menschen mit einer geistigen Behinderung sehr wohl das Recht haben ihre Sexualität auszuleben. Wenn man sich

---

[124] Gerechtigkeit: Ist hier gemeint „ein Recht zu haben auf etwas". Z. b. Das Recht zu haben die eigene Sexualität auszuleben.

[125] Zit. PIEPER, Josef, das Viergespann, 68, zit nach: FÜTTERER, Klaus/SIEGEL Hansjörg, Ethische und Theologische Überlegungen zur Sexualität bei Menschen mit geistiger Behinderung, 79 in: WALTER, Joachim (Hg.), Sexualität und geistige Behinderung, Gesellschaft für Sexualerziehung und Sexualmedizin, Band I, Heidelberg [6] 2005.

aber an Peter Singer oder Engelhardt orientiert, dann sind geistig behinderte Menschen für sie gar keine Personen.

Wenn man das heutige Zeitalter im Zusammenhang mit der Sexualität betrachtet, dann stellt sich die Frage, ob denn heute alles erlaubt ist? Dabei möchte ich Apostel Paulus anführen, der im 1 Kor. 10,23 folgendes geschrieben hat: „ Alles ist erlaubt – aber nicht alles nützt, „Alles ist erlaubt" – aber nicht alles baut auf". Das Thema Sexualität wirft täglich neue Grenzfragen auf, die entschieden werden müssen und für die es keine eindeutige Antwort bzw. kein eindeutiges Rezept gibt und auch zukünftig wohl nicht geben wird.

6. Literaturverzeichnis

ACHILLES, Ilse, Was macht ihr Sohn denn da? Geistige Behinderung und Sexualität, München [4] 2005.

ANUTH, Bernhard Sven, Lieben ja, aber heiraten? Kirchliche Eheschließung von Menschen mit geistiger Behinderung, Bonn, 2009, URL: http://www.haushall.de/contenido/cms/upload/pdf/Publikationen/Hinweise/Anuth_Lieben_ja_ ...pdf (Stand: 10.07.2012).

ANTOR, Georg/BLEIDICK, Ulrich, (Hg.), Handlexikon der Behindertenpädagogik. Schlüsselbegriffe aus Theorie und Praxis, Stuttgart, 2001.

BIERMANN, Adrienne/GOETZE, Herbert (Hg.), Sonderpädagogik. Eine Einführung, Stuttgart, 2005.

BLEIDICK, Ulrich, Behinderung als pädagogische Aufgabe. Behinderungsbegriff und behindertenpädagogische Theorie, Stuttgart, 1999.

CLIGNON, Silvia, Ganz einfache Beziehung. Partnerschaft und Sexualität von Menschen mit geistiger Behinderung, Saarbrücken, 2008.

CLOERKES, Günther, Soziologie der Behinderten. Eine Einführung, Heidelberg [7] 2007.

DEDERICH, Markus, Ethische Fragen der Geistigbehindertenpädagogik, 60 – 82. in: FISCHER, Erhard, (Hg.), Pädagogik für Menschen mit geistiger Behinderung. Sichtweisen, Theorien, aktuelle Herausforderungen, Oberhausen 2003.

DEDERICH, Markus, Ethische Aspekte, in: WÜLLENWEBER, Ernt/THEUNISSEN, Georg/MÜHL, Heinz, (Hg.), Pädagogik bei geistigen Behinderten, Stuttgart, 2006.

HUBER, Norbert, Partnerschaft – Liebe – Sexualität. Gedanken zum Thema in: WALTER, Joachim, Sexualität und geistige Behinderung. Gesellschaft für Sexualerziehung und Sexualmedizin, Band I, Heidelberg [6] 2005.

HÖFFE, Otfried, Lexikon der Ethik, München [4] 1992.

HOPF, Arnulf, Grundlagen der Schulpädagogik. Fächerübergreifende Sexualpädagogik, Hohengehren, 2008.

KENTLER, H , Perspektiven. in: FÄRBER, Hans Peter/LIPPS, Wolfgang/SEYFRATH, Thomas,(Hg.) Sexualität und Behinderung. Umgang mit einem Tabu, Tübingen, 2. unveränderte Auflage, 2000, 241 – 247.

KLIESCH, Klaus, Blinde sehen, Lahme gehen. Der heilende Jesus und seine Wirkungsgeschichte, 101 – 112, in: EURICH Johannes/LOB-HÜNDEPOHL, Andreas (Hg.), Inklusive Kirche, Behinderung – Theologie- Kirche, Stuttgart, 2011.

KLUGE, Norbert , Einführung in die Sexualpädagogik. Darmstadt, 1978.

KULIG, Wolfram, THEUNISSEN Georg, WÜLLENWEBER, Ernst, Geistige Behinderung, in: WÜLLENWEBER, Ernt/THEUNISSEN, Georg/MÜHL, Heinz, (Hg.), Pädagogik bei geistigen Behinderten. Ein Handbuch für Studium und Praxis, Stuttgart, 2006.

KOGLER, Franz (Hg.), Herders neues Bibel Lexikon, Freiburg, 2008.

MARSCHÜTZ, Gerhard, theologisch ethisch nachdenken, Würzburg, 2009.

MATTNER, Dieter, Behinderte Menschen in der Gesellschaft - Zwischen Ausgrenzung und Integration. Stuttgart 2000.

MELDBER SCHWIER, Karin/HINGSBURGER, Dave, Sexualität. Ein Ratgeber für Eltern von Kindern mit Handicap, Zirndorf, 2005 aus dem engl. Orig. übers. v. STRÖMER, Michael, Zirndorf 2002 [Original: H. Paul, United States of America, 2000].

MIETH, Dietmar, Der behinderte Mensch aus theologischer – ethischer Sicht, 115, in: EURICH Johannes/LOB-HÜNDEPOHL, Andreas (Hg.), Inklusive Kirche, Behinderung – Theologie-Kirche, Stuttgart, 2011.

RICKEN, Friedo, Allgemeine Ethik, Stuttgart [4] 2003.

SCHIPPER, Jeremy, Disabilitiy Studies and the Hebrew Bible. Figuring Mephibosheth in the David Story (Library of Hebrew Bibel/Old Testament Studies 441), New York/London, 2006.

SCHISCHKOFF, Georgi (Hg.), Philosophisches Wörterbuch, Stuttgart, 1991.

SIELERT, Uwe, Einführung in die Sexualpädagogik, Weinheim und Basel, 2005.

SPECK, Otto, Menschen mit geistiger Behinderung. Ein Lehrbuch zur Erziehung und Bildung, München [10] 2005.

SPECK, Otto, Darf 's ein bisschen mehr sein? Sexualpädagogik in der Arbeit mit behinderten Menschen - Ein Überblick. in: Sexualität und Behinderung, BZgA Forum - Sexualaufklärung und Familienplanung, Heft 2/3, 2001, S. 3-8.

SPECK, Otto, Viele Eltern haben Angst, in: WALTER, Joachim, (Hg.): Sexualität und geistige Behinderung. Gesellschaft für Sexualerziehung und Sexualmedizin, Band 1, Heidelberg [5] 2005.

STEINVORTH, Ulrich, Klassische und moderne Ethik. Grundlinien einer materialen Moraltheorie, Rowohlt, 1990.

STEIGLEDER, Klaus, Die Abenteuer der Bioethik - Ein kritischer Vergleich der Ethikkonzeptionen H. Tristram Engelhardts und Peter Singers, 8 in: J.-P. WILS (Hg.), Streitfall Euthanasie. Singer und der 'Verlust des Menschlichen',Tübingen 1991, 17-27 (Sondernummer der Zeitschrift „Ethik und Unterricht"). URL: http://www.ruhr-uni-bochum.de/philosophy/angewandte_ethik/downloads.html.de (Stand: 27.07.2012).

STINKES, Ursula, Sexualität und Behinderung – kein Tabuthema mehr?! Erweiterter und ausgearbeiteter Vortrag auf der Tagung des VDS (Treffpunkt G) am 18.11.2006/ Schule für Körperbehinderte in Stuttgart-Vaihingen, 2006.

SUHRWEIER, Horst, Geistige Behinderung. Psychologie Pädagogik Therapie, Berlin, 1999.

PIEPER, Josef, das Viergespann, 68, zit. nach: FÜTTERER, Klaus/SIEGEL Hansjörg, Ethische und Theologische Überlegungen zur Sexualität bei Menschen mit geistiger Behinderung, 79 in: WALTER, Joachim (Hg.), Sexualität und geistige Behinderung, Gesellschaft für Sexualerziehung und Sexualmedizin, Band I, Heidelberg [6] 2005.

PUESCHEL, Siegfried/SUSTROVA, Maria (Hg.) Thema Down Syndrom. Erwachsen werden, Zirndorf, 2002, aus dem engl. Orig. übers. v. Strömer Michael, Zirndorf 2002 [Original: H. Paul, Adolescents with Down Syndrome – Toward a More Fulfilling Life, United States of America, 1997].

OEMING, Manfred, "Auge wurde ich dem Blinden, und Fuß dem Lahmen war ich!"(Hi 29,15). Zum theologischen Umgang mit Behinderung im Alten Testament.81-101. In: EURICH Johannes/LOB-HÜNDEPOHL, Andreas (Hg.), Inklusive Kirche, Behinderung – Theologie-Kirche, Stuttgart, 2011.

WALTER, Joachim, Sexualität und geistige Behinderung. Gesellschaft für Sexualerziehung und Sexualmedizin, Band I, Heidelberg [6] 2005.

WALDEMAR, Molinski, Bemerkungen zur ethischen Dimension der Sexualität und Partnerschaft Geistigbehinderter, 87-100 in: WALTER, Joachim, Sexualität und geistige Behinderung. Gesellschaft für Sexualerziehung und Sexualmedizin, Band I, Heidelberg [6] 2005.

WILKEN, Etta, Menschen mit Down-Syndrom in Familie, Schule und Gesellschaft. Marburg [2] 2009.

WOLF, Ursula, Aristoteles Nikomachische Ethik, Hamburg [3] 2011.

Lainer Stephanie

WHO (World Health Organisation); Internationale Klassifikation der Funktionsfähigkeit, Behinderung und Gesundheit,Genf, original englisch 2001, deutsch Oktober 2005.

WHO(World Health Organisation); International Classification of Impairments, Disabilities, and Handcaps. A Manual of Classification Relating to the Consequences of Disease. Geneva, 1980.

Zeitschrift

Deutsches Down-Syndrom Infocenter, Down Syndrom. Was bedeutet das? Lauf [5] 2011, 6 – 7.

Internetquellen

Lebenshilfe Wien 2012, URL: http://www.lebenshilfe-wien.at/UNO-macht-Gleichstellung-zu-vo.502.0.html (Stand: 27.07.2012).

Schlussbericht des Heiligen Stuhls eines Kongresses im Vatikan zum Thema: "Familie und Integration behinderter im Kindes- und Jugendalter" URL: http://www.vatican.va/roman_curia/pontifical_councils/family/documents/rc_pc_family_doc_20000304_integration-disabled_ge.html (Stand: 10.07.2012).

Botschaft von Johannes Paul ii. An die Teilnehmer des internationalen Symposiums zum Thema "Würde und Recht von geistig behinderten Menschen" URL: http://www.vatican.va/holy_father/john_paul_ii/speeches/2004/january/documents/hf_jp-ii_spe_20040108_handicap-mentale_ge.html erschienen am 5.Janura 2004 von Papst Johannes Paul II.(Stand: 10.07.2012).

UN – Konventionstext
URL: http://www.krischanitz-noebauer.at/doku/bmasknap/downloads/05_un-konvention-mit-fakultativprotokoll.pdf , Seite 5, (Stand: 27.07.2012).

Weltgesundheitsorganisation Regionalbüro für Europa
URL: http://www.euro.who.int/de/what-we-do/health-topics/noncommunicable-diseases/mental-health/news/news/2010/15/childrens-right-to-family-life/definition-intellectual-disability (Stand: 30.07.2012).

Lexika

SCHISCHKOFF, Georgi (Hg.), Philosophisches Wörterbuch, Stuttgart, 1991.

KOGLER, Franz (Hg.), Herders neues Bibel Lexikon, Freiburg, 2008.

7. Anhang

7.1 Abkürzungsverzeichnis

7.1.1. Allgemeine Abkürzungen

Aufl.	Auflage
Bd.	Band
bzw.	beziehungsweise
engl.	englisch
erg.	ergänzt
f.	folgende/r (Singular)
ff	folgende (Plural)
Hg./Hgg	HerausgeberIn/HerausgeberInnen
Orig.	Original
überarb.	überarbeitete/r
übers., Übers., Üs.	Übersetzt, ÜbersetzerIn/ÜbersetzerInne, Übersetzung
vgl.	vergleiche
z.B.	zum Beispiel
zit.	zitiert

7.1.2 Biblische Bücher

Dtn	Deuteronomium (5. Buch Moses)
Ex	Exodus (2. Buch Moses)
Joh	Johannesevangelium
Jes	Jesaja
1 Kön	1. Buch der Könige

2 Kön 2. Buch der Könige

Koh Kohelet

1 Kor 1. Korintherbrief

2 Sam 2. Buch Samuel

Spr Sprüche

7.1.3 Wissenschaftliche Werke und Reihen

CIC Codex iuris canonici Codex des kanonischen Rechtes

7.2 Bibelregisterstellen

Dtn 5,18.21

Ex 4,10

Ex 20,14.17

Joh 9,1 -3.

Jes 53,2-5

1 Kön 17,18

2 Kön 5, 27;

Koh 9,9

1 Kor 6,12-20;

1 Kor 6,9

1 Kor 7,3f

1 Kor. 10,23

3 Sam 9,3-15

Spr 5,18f

Spr. 7,15-27

Lainer Stephanie